Tiere im Wald

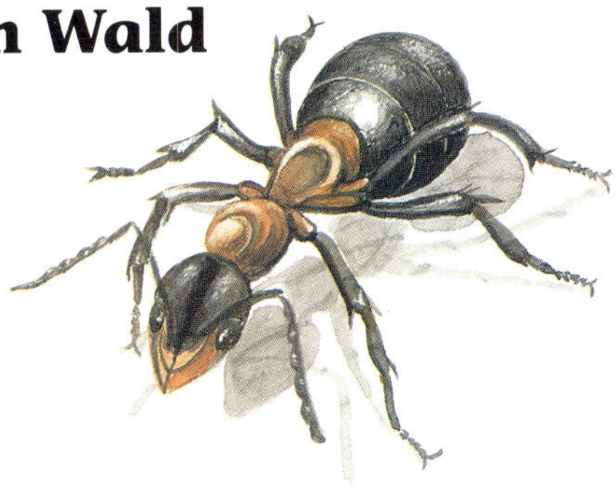

Eva-Maria Dreyer
Heinz-Helge Schulze

Tiere im Wald

Kosmos

Liebe Kinder,

mein Großvater war Förster. In den großen Buchenwald hinter unserem Haus begleitete ich ihn besonders gerne. Still, ganz still musste ich bei diesen Spaziergängen sein. Nur dann, sagte mein Großvater, kommen die Tiere des Waldes aus ihren Schlupfwinkeln. Doch selbst wenn wir noch so vorsichtig waren und uns bemühten nur ja kein Geräusch zu machen, flog ein Eichelhäher vor uns auf und warnte mit seinem lauten »Rääh Rääh« alle anderen Tiere im Wald.

Meistens gingen wir dann an den Rand der großen Lichtung, setzten uns hin und warteten. Nach kurzer Zeit begann der Wald um uns zu leben: Eichhörnchen sprangen auf den Boden und suchten nach Nüssen. Rotkehlchen hüpften durch das Laub. Bunte Schmetterlinge schwebten von Blüte zu Blüte. Winzige Ameisen schleppten riesige Raupen in ihre Nadelburg und eine Haselmaus huschte unter eine alte Wurzel. Zwischen Grashalmen turnten Spinnen umher und ein kleiner Käfer stanzte unaufhörlich Löcher in Buchenblätter. Von fern hörten wir den Buntspecht trommeln und Hirsche rufen. Und wenn der Fuchs in der Abenddämmerung durch den Wald pirschte, saß ich wie versteinert im hohen Farnkraut.

Dass alle Pflanzen und Tiere eine große Gemeinschaft bilden und einander brauchen, habe ich erst später erfahren. Den Wald mit seinen Farben und Düften, mit seinen verschiedenen Lauten und den vielen Tieren liebe ich noch immer. Und das Rauschen der großen alten Bäume höre ich noch heute gerne.

Eva-Maria Dreyer

Leises Rascheln im Laub verrät den Aufenthalt einer Waldmaus. Das dichte Unterholz mit Laub und Moospolstern ist ein willkommener Unterschlupf für viele kleine Tiere.

Inhalt

Für Menschen ist der rote Fliegenpilz giftig. Aber viele Tiere des Waldes, z. B. das Eichhörnchen, schätzen den Pilz als besonderen Leckerbissen.

Register
Auf der Seite 63 gibt es eine Liste von wichtigen Namen und Begriffen, die in diesem Buch vorkommen. Sie sind nach dem Alphabet geordnet, damit du ganz schnell und gezielt die Buchseite finden kannst, auf der mehr darüber steht.

Kleines Lexikon
Auf den Seiten 61 und 62 gibt es ein kleines Lexikon, das Wörter erklärt, die in diesem Buch vorkommen und die du vielleicht noch nicht kennst.

Das Maikäfermännchen lässt sich vom Weibchen an den Fühlern unterscheiden: Das Männchen hat siebenblättrige Fühlerblätter, das Weibchen sechsblättrige.

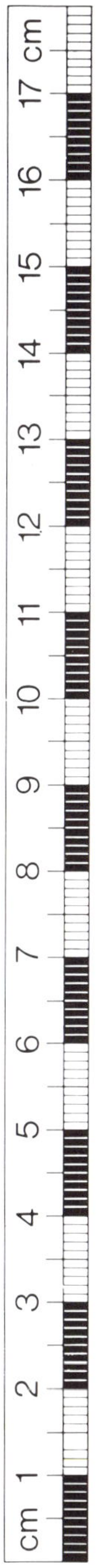

Die meisten Tiere, die in diesem Buch beschrieben werden, sind sehr klein. Damit du dir ihre Größe besser vorstellen kannst, haben wir hier ein Maßband abgebildet.

Das Rote Ordensband, ein Schmetterling, legt in Herbstnächten seine Eier in die Ritzen von Baumstämmen.

Hungrige Wildschweine durchstöbern den Waldboden nach Nahrung. Fetthaltige Eicheln mögen sie besonders gerne.

Herbst im Wald

Eichen, Buchen und Ahornbäume leuchten in der Herbstsonne. Ihre Blätter glänzen rot und gelb und manchmal golden. Jetzt ist Erntezeit im Wald. Hagebutten und Schlehen sind reif. Heidelbeeren und Brombeeren schimmern aus dem Gestrüpp. Haselnüsse hängen zu Tausenden an den Sträuchern und warten darauf eingesammelt zu werden. Eichen und Buchen übersäen den Waldboden mit ihren Früchten.

Gäbe es diese herbstliche Nahrungsfülle nicht, würden viele Tiere den Winter nicht überleben. Sie müssten verhungern.

Die Singdrossel schlägt Gehäuseschnecken heftig auf einen Stein, bis das Schneckenhaus zerbricht. Erst dann kann sie die Schnecke fressen. Solche Stellen nennt man Drosselschmieden.

Haselnüsse gehören zum Speisezettel der Waldmaus.

Eichhörnchen sammeln jetzt fleißig Haselnüsse, Eicheln und Bucheckern und verscharren sie unter Baumwurzeln. Diese zahlreichen Vorratskammern für den Winter liegen über den ganzen Wald verstreut. Manche ihrer Futterverstecke finden die Eichhörnchen allerdings nicht wieder. Dort sprießen dann im nächsten Frühling kleine Keimlinge aus dem Boden und wachsen im Laufe der Jahre zu stattlichen Bäumen heran. Gepflanzt hat sie ein Eichhörnchen.

Auch die Waldmäuse sind jetzt eifrig am Sammeln. Sie bleiben wie die Eichhörnchen den ganzen Winter über munter und horten für diese Notzeit viele Haselnüsse, Eicheln und Bucheckern.

Die Haselmaus dagegen hält von September bis April einen langen, tiefen Winterschlaf. Damit sie den Winter übersteht, frisst sie sich jetzt im Herbst eine dicke Fettschicht an. Beeren, Nüsse und saftige Insekten mag sie am liebsten.

So versorgt der Wald mit seinem reichen Nahrungsangebot im Herbst alle seine Bewohner und lässt sie gut durch die kalte Zeit kommen.

Ab und zu frisst auch ein Fuchs Beeren.

Fauchend und schreiend jagen sich zwei Eichhörnchen von Baum zu Baum. Sie toben die Stämme hinauf und hinunter und verfolgen sich mit weiten Sprüngen von Ast zu Ast. Bei ihrer wilden Hetzjagd vergessen sie jede Vorsicht. Die beiden sind noch jung und unerfahren, aber lebhaft und voller Tatendrang. Sie müssen erst lernen auch im Spiel auf Gefahren zu achten. Vor knapp vier Monaten wurden sie in einem großen, runden Reisignest auf einer Astgabel geboren, dicht am Stamm einer Buche.

Eichhörnchenkinder sind bei ihrer Geburt rosig und haarlos und sie können weder hören noch sehen. Sie spüren nur die Wärme ihrer Mutter, saugen deren Milch und werden von ihr abgeleckt. Erst nach 14 Tagen bekommen sie am ganzen Körper einen weichen Haarflaum. Mit drei Wochen hören sie erste Töne, und etwa vier Wochen nach ihrer Geburt öffnen sie die Augen und blinzeln zum ersten Mal ins schwache Licht, das ins Innere des Kobels scheint.

Mit sechs Wochen lugen die jungen Eichhörnchen bereits aus dem Nest. Jetzt möchten sie die Welt draußen erforschen. Sie fangen an zu klettern und sich ihr Futter selbst zu suchen. Haselnüsse drehen sie zunächst ungeschickt in ihren Vorderpfoten hin und her. Sie wissen noch nicht, wo man eine Nuss am besten annagt, um sie zu öffnen. Aber das lernen sie schnell. Anfangs brauchen junge Eichhörnchen fast eine Viertelstunde, um eine Nuss zu knacken. Ein paar Wochen später gelingt ihnen das bereits in vier Minuten. Nach und nach werden sie immer unabhängiger von ihrer Mutter. Am Ende des Sommers verlassen sie ihre Familie und bauen sich ihren eigenen Kobel.

Das Eichhörnchen

Lebensraum:	Laub- und Nadelwälder
Größe:	Körperlänge 20 bis 30 cm, Gewicht bis zu 500 Gramm
Nahrung:	Eicheln, Haselnüsse, Samen von Fichten und Kiefern, Beeren, Pilze, Eier und Jungvögel
Lebenszeit:	fünf bis sechs, manchmal auch zehn Jahre
Feinde:	Baummarder, Habicht
Besondere Merkmale:	im Winter lange Haarbüschel an den Ohren
Typisches Verhalten:	klettert sehr gut auch baumabwärts; springt von Wipfel zu Wipfel

Ein junges Eichhörnchen hat zum erstenmal seinen Kobel verlassen und bemüht sich einen Baumstamm hochzuklettern.

Wusstest du,
dass Eichhörnchen in Laubwäldern leuchtend rotbraun gefärbt sind, in dunklen Nadelwäldern aber ein schwarzes Fell besitzen? So sind sie in ihrem jeweiligen Lebensraum gut getarnt.

Zwei Eichhörnchen an ihrem Futterplatz. Die Reste ihrer Mahlzeit liegen am Boden verstreut.

Eichhörnchen springen mit großer Sicherheit blitzschnell von Ast zu Ast. Dabei setzen sie ihren langen, buschigen Schwanz als Steuer ein.

Eichhörnchen sammeln nicht nur Haselnüsse, Eicheln und Bucheckern. Sie hängen auch Pilze in Astgabeln und heben sie für eine spätere Mahlzeit auf.

Leben im Untergrund

Wenn ein paar Regentage im Herbst den Waldboden gut durchfeuchtet haben ist Pilzzeit. Überall schieben sich lustige bunte Pilzhüte auf kurzen oder langen Stielen aus dem Boden. Manche sind giftig, andere kannst du sammeln und daraus eine leckere Mahlzeit kochen.

Das, was du als Pilz nach Hause trägst, ist aber nur die Frucht des eigentlichen Pilzes. Der Pilz selbst führt ein verborgenes unterirdisches Leben in feuchter, modriger Erde. Er durchzieht als dichtes Geflecht aus feinen weißen Fäden den Waldboden. Stell dir vor, Apfelbäume würden wie Pilze wachsen. Dann wären ihr Stamm und alle Zweige unter der Erde versteckt. Nur die roten Äpfel würdest du sehen. Mit ihnen vermehren sich die Bäume.

Für die Vermehrung der Pilze sind die Pilzhüte zuständig. Sie produzieren Unmengen an Sporen, oft bis zu zwei Milliarden. Sporen sind winzige kugelige Gebilde, die man nur unter dem Mikroskop erkennen kann. Sie lassen sich wie die Samen von manchen Blumen vom Wind forttragen und landen irgendwo weit weg von ihrem ursprünglichen Standort. Gefällt es ihnen an ihrem neuen Platz, keimen sie und wachsen zu neuen Pilzfäden aus.

Bei deinen Streifzügen durch den Wald ist dir bestimmt schon aufgefallen, dass viele Pilze immer in der Nähe von bestimmten Bäumen zu finden sind. Goldröhrlinge wachsen zum Beispiel nur in der Nähe von Lärchen. Der giftige Grüne Knollenblätterpilz siedelt sich oft unter Eichen an. Fliegenpilze leben bei Birken, Kiefern und Fichten.

Nicht alle Pilze lassen ihre Sporen vom Wind verbreiten. Die Stinkmorchel lockt kleine Fliegen an und lässt sie für sich arbeiten.

Manche Pilze sind Freunde der Bäume, manche sind gefährliche Baumfeinde. Ein besonders gefürchteter Holzzerstörer ist der Hallimasch. Er bringt Laub- und Nadelbäume von der Wurzel aus zum Absterben.

Ohne Pilze ginge es den meisten Bäumen ziemlich schlecht. Es gäbe vielleicht gar keinen Wald. Pilze umspinnen mit ihrem feinen Fadengeflecht die Wurzeln der Bäume. Auf diese Weise helfen sie den Bäumen, Wasser und Nährsalze aus dem Boden zu saugen. Ganz umsonst machen sie das natürlich nicht. Als Gegenleistung bekommen sie von den Bäumen Nährstoffe, die sie selbst nicht herstellen können: Zucker und Stärke. So haben beide einen Nutzen von dieser Partnerschaft.

Manchmal entdecken Vögel die Maden der Pilzmücken, zerhacken die Pilze und lassen es sich schmecken. Auch die Tannenmeise verschmäht eine solche Mahlzeit nicht.

Im Bild haben kleine Mücken ihre Eier an der Hutunterseite eines Goldröhrlings abgelegt.

Lautes Rätschen klingt durch den Wald. Ein rostbrauner Vogel fliegt aufgeregt schimpfend von Ast zu Ast. Hoch oben in einer Buche bleibt er sitzen und wir können ihn beobachten. Angriffslustig sträubt er seine schwarzweiße Federhaube, spreizt seine hellblauen Flügel und rätscht unentwegt. Es ist ein Eichelhäher, der lautstark die anderen Waldbewohner warnt. Seinen Meldedienst nimmt er sehr genau. Jeder Wanderer, der sein Revier betritt, wird von ihm weithin hörbar angekündigt.

Weil er ein sehr ungeschickter Flieger ist, muss der Eichelhäher im Wald leben. Nur hier findet er genügend Unterholz, in dem er sich gut verstecken kann. Auf freiem Feld wäre er für jeden Habicht eine leichte Beute.

Auch im Herbst verlässt der Eichelhäher seinen Wald nicht, um wie viele andere Vögel der Sonne nachzuziehen. Ein Eichelhäher verhungert im Winterwald nicht. Schließlich hat er für die kalte Jahreszeit vorgesorgt. Sein Winterfutter sind Eicheln, Bucheckern und Haselnüsse. Fast 10 000 Stück davon sammelt er im Herbst und vergräbt sie unter Laub oder im Erdboden. Seine zahlreichen Futterverstecke verteilt er über den ganzen Wald. Er findet sie auch immer wieder, selbst unter einer dicken Schneedecke.

Bis weit in den Frühling könnte er Eicheln und Bucheckern fressen, so reichlich hat er vorgesorgt. Aber im Frühling schmecken ihm Käfer und Regenwürmer besser, auch eine Maus ist ihm dann lieber. Deshalb wird im

Der Eichelhäher

Lebensraum:	Wälder mit dichtem Unterholz
Größe:	34 cm
Nahrung:	Samen, Früchte, Insekten, Eier und Vogelküken
Lebenszeit:	etwa 15 Jahre
Feinde:	Habicht, Sperber
Besondere Merkmale:	fliegt in Wellenlinien
Typisches Verhalten:	warnt andere Tiere mit lautem Kreischen

Eichelhäher bauen ihr Nest in den dichten Baumkronen. Sehr viel Mühe geben sie sich damit nicht. Sie brechen nur einige Zweige von den Bäumen ab, flechten sie zusammen und verstärken ihr Bauwerk ein bisschen mit Lehm.

Eichelhäher sind Allesfresser. Ab und zu erbeuten sie auch einen Singvogel, wie diese Amsel. Vor allem zur Brutzeit plündern sie gelegentlich die Nester kleinerer Vögel und holen sich Eier oder Jungtiere.

Frühling so manche vergrabene Eichel nicht gefressen und keimt aus. Vielleicht verwendet er den kleinen Keimling später als Futter für seine Kinder. Wenn nicht, dann kann die gekeimte Eichel zu einer großen stattlichen Eiche heranwachsen. Wie das Eichhörnchen pflanzt auch der Eichelhäher Bäume, von denen viele Jahre später seine Nachkommen ernten können.

Dieser Eichelhäher hat einen Vogelbeerbaum entdeckt und lässt es sich schmecken.

Wusstest du,
dass der Eichelhäher die Sprache vieler Waldvögel spricht? Er kann den Schrei des Bussards, den Ruf des Waldkauzes und die Gesänge mancher Singvögel täuschend ähnlich nachahmen.

Im Herbst suchen sich Eichelhäher ihr Futter für den Winter. Sie sammeln Nüsse, Eicheln und auch Bucheckern und verstecken sie als Vorräte für die kalte Zeit unter Laub oder vergraben sie in der Erde.

Klebrige Netzwerke

Ein sonniger Septembermorgen im Wald. Überall glitzern Tautropfen in Spinnennetzen. Man hat den Eindruck, als sei der Wald voller Spinnen, so viele Netze behängt der Tau mit seinen hellen Perlen.

Am vertrautesten sind sicherlich die großen Radnetze der Kreuzspinnen. Nicht ganz so bekannt sind die Silberdeckchen der Baldachinspinne. Sie überziehen im Herbst zu Tausenden den Wald-

Dies ist das Netz einer Baldachinspinne. Es sieht wie eine umgedrehte Hängematte aus. Die Spinne selbst hängt unter der Netzdecke und lauert. Ihr entgeht nichts, auch nicht die leiseste Berührung ihrer Seidenfäden. Sie bemerkt sofort, wenn sich ein kleines Insekt in die Stolperfäden über ihrem Baldachin verirrt hat. Das ist für sie das Zeichen zum Angriff. Jetzt rüttelt sie heftig an ihrer Netzdecke – das überraschte Tier fällt auf die Hängematte und bleibt dort liegen. Noch ehe es ihm gelingt sich wieder aufzurappeln, hat die Spinne von unten durch das Netz zugegriffen. Das kleine Insekt wird getötet.

boden. Wie ein fein gesponnener Teppich sind sie über die Moospolster ausgebreitet.

Spinnennetze sind zarte, vergängliche Gebilde. Während des Tages trocknen die Klebfäden in der Sonne ein und werden spröde. Die Haltefäden dagegen dehnen sich aus, werden schlaff und hängen durch. Ein Netz mit solchen Fäden ist für den Beutefang nicht mehr zu gebrauchen. Deshalb müssen Spinnen ihre Netze jede Nacht neu weben. Die Spinnseide wird in Spinndrüsen am Hinterende ihres Körpers gebildet und durch die Spinnwarzen ausgepresst. Jeder Seidenfaden ist ein Kabel aus vielen hundert Einzelfäden und trotzdem immer noch viel dünner als ein Haar von dir.

Spinnen sind Räuber, sie ernähren sich von Insekten, von kleinen Fliegen und Mücken, Käfern und auch Libellen. Aber nicht alle sind Fallensteller und fangen ihre Beutetiere in einem kunstvoll gewebten Netz. Die Wolfsspinne geht zu Fuß auf die Jagd. Sie schleicht tagsüber auf dem Waldboden umher, lauert kleinen Insekten auf und überfällt sie mit einem weiten Sprung. Ist ein Marienkäfer erst unter ihren acht Beinen gefangen, gibt es für ihn kein Entkommen mehr. Er wird getötet und gefressen.

Taubehängte Radnetze in der Morgensonne sehen wie kleine Kunstwerke aus. Die Spinnen sitzen aber nur selten im Netz. Meistens verstecken sie sich in der Nähe. Erst wenn ein kleines Insekt in den Fangfäden hängenbleibt, stürzen sie sich auf ihr Opfer und lähmen es mit einem Giftbiss.

An feuchten Stellen im Wald findest du oft die Krabbenspinne. Auch sie baut keine Netze. Sie sitzt mit ausgestreckten Beinen an Blüten und wartet gut getarnt auf Insekten. Weil sie die Färbung ihres Körpers an die jeweilige Blütenfarbe anpassen kann, wird sie leicht übersehen. So mancher arglose Blütenbesucher, der nur ein bisschen Nektar naschen wollte, saß plötzlich und unerwartet zwischen ihren Giftklauen fest.

Im Frühling, wenn die jungen Wolfsspinnen frisch aus dem Kokon geschlüpft sind, klettern sie der Mutter auf den Rücken und lassen sich von ihr einige Tage umhertragen.

Die Kürbisspinne lebt am Waldrand. Weil sie nur sechs bis sieben Millimeter groß ist, übersieht man sie leicht. Aber das leuchtende Gelb ihres Hinterteiles verrät sie doch.

Ein Fuchs steht unbeweglich im Unterholz, nur seine langen spitzen Ohren spielen: Mal zeigen die Ohrmuscheln nach vorne, mal zur Seite, mal nach hinten. Er horcht auf jedes Geräusch. Ein leises Rascheln verrät ihm, dass eine Maus in der Nähe ist. Leise und vorsichtig pirscht er sich heran, immer mit der Nase am Boden. Jetzt hat er die Maus aufgespürt. Er springt hoch und noch ehe die Maus ihn bemerkt hat, drückt er sie mit seinen Vorderpfoten auf den Boden.

Wenn der Fuchs auf die Jagd geht, setzt er zunächst seine Ohren ein. Für die genaue Ortung seiner Beute braucht er dann aber seine Nase. Füchse haben einen ausgezeichneten Geruchssinn. Ihre Nase ist mit rund 200 Millionen Riechzellen ausgestattet. Das sind einhundertdreißigmal mehr als bei uns Menschen.

Es ist heute nicht leicht einen Fuchs zu Gesicht zu bekommen. Wer diesen scheuen Einzelgänger bei der Jagd beobachten will muss früh aufstehen. Die beste Zeit ihn zu sehen ist kurz vor Sonnenaufgang. In der Morgendämmerung ist er gerne unterwegs. Sobald sich die ersten Sonnenstrahlen zeigen, verschwindet er in seiner Höhle.

Füchse wurden jahrelang vom Menschen verfolgt und getötet. Sie gelten als Überträger der Tollwut, einer für Mensch und Tier gefährlichen Krankheit. Heute versucht man diese Seuche anders zu bekämpfen: Man legt dem Fuchs Fleischstücke aus, in denen ein Medikament gegen die Tollwut enthalten ist. Frisst er dieses Fleisch, ist er vor Ansteckung geschützt und kann die Krankheit auch nicht mehr auf andere Tiere und auf uns übertragen.

Der Fuchs

Lebensraum:	dichte Wälder, Heckenlandschaften
Größe:	Körperlänge 50 bis 90 cm, Gewicht 3 bis 10 kg
Nahrung:	Kaninchen, Wühlmäuse, Vögel, Insekten, Aas und auch Beeren
Lebenszeit:	etwa 12 Jahre
Feinde:	Wolf, Luchs und Adler, wo es sie noch gibt, und der Mensch
Besondere Merkmale:	bernsteinfarbene Augen; buschiger Schwanz, oft mit weißer Schwanzspitze
Typisches Verhalten:	fängt Mäuse im Sprung

In den frühen Morgenstunden spielen junge Füchse gerne vor ihrem Bau. Sie üben dabei alle Bewegungen, die sie später für eine erfolgreiche Jagd brauchen.

Wusstest du,

dass junge Füchse zunächst blaue Augen und ein schiefergraues Fell haben? Erst im Alter von vier bis fünf Wochen werden ihre Augen bernsteingelb, und ihr Fell zeigt die für den Fuchs typische rötlich-braune Farbe.

Ein Fuchs kehrt mit Beute zurück. Das Fuchs-weibchen blieb bei den Welpen im Bau.

Wenn ein Fuchs sich bedroht fühlt, zieht er um in einen anderen Bau. Er packt seine Jungtiere im Nacken und trägt sie, eins nach dem anderen, im Maul davon.

Eigentümliche Laute klingen durch die Abenddämmerung: »Oaaah, Oaaah« und »Ooch, Och Ooch.« Wer diesen Ruf nicht kennt und ihn unerwartet abends im Wald hört, erschrickt sicher ein bisschen.

So laut und dröhnend ruft nur der Rothirsch, der König unserer Wälder. Mit diesen Rufen grenzt er sein Revier ab und warnt seine Rivalen. »Wagt es nur nicht meinem Rudel zu nahe zu kommen«, will er ihnen damit sagen. Kurze Zeit später antwortet ein anderer Hirsch, fast genauso laut und dröhnend. Nach und nach hört man von allen Seiten das gedehnte Röhren der Hirsche. Alle brüllen kraftvoll, drohend und weithin hörbar. Jeder will der Lauteste sein. Jeder versucht den anderen mit seiner Stimme zu übertönen und von Revierüberschreitungen abzuschrecken.

Missachtet ein männlicher Hirsch diese Warnungen und nähert sich einem fremden Rudel, kommt es unweigerlich zu einer Auseinandersetzung. Bei diesen Kämpfen scheuen sich Hirsche nicht ihre mächtigen Geweihe als Waffe einzusetzen. Sie schlagen mit ihren Geweihstangen heftig aufeinander und verletzen sich dabei auch. Manchmal dauert es mehr als eine Stunde, bis der Stärkere feststeht, aber selten wird dabei ein Hirsch getötet.

Der Rothirsch

Lebensraum:	Laub- und Mischwälder mit Waldwiesen
Größe:	Schulterhöhe etwa 130 cm, Gewicht bis zu 200 kg
Nahrung:	Gräser und Kräuter, Eicheln und Bucheckern, Jungtriebe und Knospen
Lebenszeit:	etwa 20 Jahre
Feinde:	früher Wolf und Luchs, heute wildernde Hunde und der Mensch
Besondere Merkmale:	männliche Tiere tragen ein vielendiges Geweih
Typisches Verhalten:	Revierkämpfe im Herbst

Wenn Rothirsche mit lautem Gebrüll und heftigen Kämpfen ihre Reviere abgrenzen und möglichst viele Hirschkühe um sich scharen wollen, dann ist Paarungszeit. Erst mit fünf Jahren sind die männlichen Tiere in der Lage ein Rudel weiblicher Tiere zusammenzuhalten und gegen andere zu verteidigen. Am kräftigsten und erfolgreichsten sind die achtjährigen Hirsche. Sie bewachen oft Rudel von zehn bis zwanzig Weibchen.

Bei ihren heftigen Revierkämpfen können sich Rothirsche ernsthaft verletzen, aber selten enden diese Auseinandersetzungen tödlich.

Ein röhrender Rothirsch. Zur Paarungszeit im Herbst hört man überall in den Wäldern die kraftvollen Drohrufe der Rothirsche.

Außerhalb der Paarungszeit ziehen die männlichen Rothirsche als Einzelgänger durch den Wald. Die Hirschkühe leben zusammen mit den Jungtieren im Rudel. Alle sind große Heimlichtuer. Sie verstecken sich tagsüber im Dickicht großer Wälder. Nur am frühen Morgen und in der Abenddämmerung kommen sie zum Äsen auf die Waldwiesen heraus.

Wusstest du,
dass Rothirsche auch an der Futterstelle eine Rangordnung einhalten? Erst wenn die starken, geweihtragenden Männchen gefressen haben, dürfen sich die geweihlosen Weibchen und die Jungtiere nähern und auch ihren Hunger stillen.

Im Winter kommen Rothirsche gerne an die Futterstellen, und man kann sie ganz aus der Nähe beobachten.

Leben in der Laubstreu

Im Herbst durch trockenes Laub zu laufen und auf das Rascheln der Blätter zu horchen ist ein großes Vergnügen. Aber hast du dir schon einmal überlegt, was mit diesem trockenen Laub geschieht? Schließlich fallen von einer einzigen großen Eiche jedes Jahr im Herbst fast 250000 Blätter. Kannst du dir vorstellen, wie es im Wald aussehen würde, wenn diese Blätter liegen blieben und nicht verrotten würden? Von Jahr zu Jahr würden sie sich höher aufschichten. Bereits nach wenigen Jahren wäre die Laubschicht so hoch, dass du nicht mehr darüber hinweg sehen könntest. Innerhalb von zehn oder zwanzig Jahren wäre der gesamte Wald im Laub erstickt.

Zum Glück gibt es Abfallverwerter in der Natur. Das sind winzige Lebewesen, die sich von totem Laub ernähren. Sie zernagen die trockenen Blätter und bauen sie zu fruchtbarer Walderde ab. Am einfachsten kannst du diese kleinen Laubstreubewohner näher kennenlernen, wenn du eine Handvoll verrottendes Laub in einer Plastiktüte mit nach Hause nimmst und auf einem großen weißen Stück Papier ausbreitest. Nach kurzer Zeit in der Wärme laufen die kleinen Tierchen geschäftig herum und du kannst sie beobachten.

Zunächst werden dir zusammengerollte Asseln und Tausendfüßer auffallen. Mit einer Lupe kannst du dunkelbraun gefärbte, achtbeinige Milben erkennen. Ebenso kleine schwarze Punkte, die davonhüpfen, wenn du sie berührst. Das sind Springschwänze, flügellose Insekten.

Weberknechte erkennst du an ihren auffallend langen Beinen. Manchmal tragen sie winzige, scharlachrote Milben mit sich herum, die sich von ihrem Blut ernähren.

Der Steinläufer gehört zur Gruppe der Hundertfüßer. Er hat aber trotz dieser Zugehörigkeit als erwachsenes Tier nur 15 Beinpaare.

Asseln, Regenwürmer, Hundertfüßer, Schnellkäfer und Laufkäfer sind typische Bewohner der Laubstreu. Ameisen sind immer zur Stelle, wenn es etwas zu fressen gibt, sie suchen ständig den Waldboden nach Beutetieren ab.

So viele harmlose Abfallverwerter locken natürlich auch räuberische Tiere an. Pseudoskorpione und Hundertfüßer machen in der Laubstreu Jagd auf die Bodenarbeiter. Ebenso einige Laufkäfer, Weberknechte und die Wolfsspinne. Sie leben auf diese Weise auch von der Abfallbeseitigung.

Aber Asseln, Tausendfüßer, Milben und all die anderen Abfallfresser schaffen die Zersetzungsarbeit nicht allein. Sie bekommen Hilfe von Bakterien und Pilzen, von Tausenden von Urtierchen, Rädertierchen, Fadenwürmern, Ringelwürmern und vielen anderen im Boden lebenden Arten. Allen zusammen gelingt es die riesigen Laubberge wieder in fruchtbare Erde umzusetzen.

Wolfsspinnen machen Jagd auf Insekten. Die Weibchen tragen längere Zeit einen Eikokon mit sich herum.

Das Stockschwämmchen baut totes Holz ab. Laubholzstümpfe sind manchmal über und über mit diesem Pilz besetzt.

Herbststürme zerzausen Fichten und Kiefern. Ein kalter Wind jagt Regenschauer um Regenschauer über den Wald. Jetzt, Anfang November, begegnet man kaum noch einer langsam dahinkriechenden Schnecke. Sie haben sich alle in die schützende Erde zurückgezogen.

Auch die Große Wegschnecke gräbt sich mit Beginn der kalten Jahreszeit eine Erdhöhle für ihren Winterschlaf. Weil sie kein Haus mit sich herumträgt, verkleistert sie ihre Höhle als zusätzlichen Schutz vor der grimmigen Kälte mit Schleim. Auch sich selbst hüllt sie in eine dicke, zähe Schleimhaut. So geschützt verschläft sie den Winter. Erst die Wärme der Frühlingssonne wird sie wieder wecken und nach oben locken.

Nach der langen Winterpause ist der Körper der Wegschnecke zusammengeschrumpft und ausgetrocknet. Jetzt muss sie viel trinken. Hunger hat sie auch. Als genügsamer Allesfresser nimmt sie, was sich ihr gerade bietet: vermodernde Pflanzen, Pilze oder Aas. Am liebsten mag sie natürlich frische grüne Blätter. Sie knabbert das zarte Grün an der Seite an und beißt mit ihrer zahnartigen Oberlippe kleine Stückchen ab. Im Mund zerkleinert sie die Nahrung mit ihrer Zunge, die mit vielen tausend spitzen Zähnchen besetzt ist und wie ein Reibeisen arbeitet. Man nennt ihre Zunge auch Reibplatte oder »Radula«.

Die Große Wegschnecke

Lebensraum:	feuchte Laubwälder
Größe:	etwa 15 cm lang und 2 cm breit
Nahrung:	Fall-Laub, Hutpilze, Aas
Lebenszeit:	12 bis 14 Monate
Feinde:	Mäuse, Igel
Besondere Merkmale:	immer ohne Haus, großes, deutliches Atemloch vorne
Typisches Verhalten:	zieht sich bei Berührung zusammen

Tagsüber ist die Große Wegschnecke höchstens nach einem warmen Sommerregen unterwegs. Meistens verkriecht sie sich unter Sträuchern oder feuchten Moospolstern. Auf Nahrungssuche geht sie erst abends oder nachts. Dann ist die Luft angenehm feucht.

Im Spätsommer paart sich die Große Wegschnecke. Danach sucht sie sich ein ruhiges Plätzchen zur Eiablage. Sie gräbt mit dem Fuß ein Loch in lockere Erde und legt in dieser Höhle bis zu 230 Eier ab. Vier bis sechs Wochen später schlüpfen winzige Jungschnecken, kaum 2 Millimeter groß. Zunächst bleiben sie noch in der Nähe ihres Geleges und naschen an Pilzfäden. Aber sie wachsen rasch. Es dauert nicht lange, bis auch sie auf einer Schleimschicht durch den Wald gleiten.

Ob giftig oder ungiftig, Pilze sind die Leibspeise der Schnecken. Gewöhnlich ist die Wegschnecke als Allesfresser weniger wählerisch. Hier knabbert eine Wegschnecke an Zwergtintlingen.

Eine Wegschnecke bei der Eiablage: Kleine, milchigweiße kugelige Gebilde werden im Spätherbst in einer Erdhöhle abgelegt. Die Jungtiere schlüpfen nach 4–6 Wochen.

Wusstest du,
dass die Augen der Großen Wegschnecke als zwei schwarze Punkte auf einem Fühlerpaar sitzen?

Menschen dürfen den Fliegenpilz nicht essen. Er ist giftig. Aber die Große Wegschnecke kann ohne Probleme daran naschen.

Winter im Wald

Die bunten Herbstfarben an Eichen und Buchen sind verschwunden, heftige Herbststürme haben die letzten Blätter von den Bäumen gefegt. Jetzt hüllen tiefhängende Wolken die kahlen Baumkronen in trübes Grau und ein eiskalter Regen vertreibt die kleinen Tiere des Waldes. Alle verkriechen sich vor der Kälte in geschützte Schlupfwinkel.

Haselmäuse ziehen sich in ihre warmen Nester unter Baumwurzeln zurück und rollen sich zu einer kleinen haarigen Kugel zusammen. Sie verschlafen die kalte Jahreszeit, ohne irgendetwas zu fressen. Jetzt müssen sie von der Fettschicht zehren, die sie sich im Herbst angefressen haben. Ungefähr sechs Monate dauert ihr Winterschlaf. Dann weckt sie die Wärme der Frühlingssonne wieder.

Wenn Schneeflocken den Wald dick in Watte packen, bleiben auch die Eichhörnchen am liebsten zu Hause. Sie halten aber keinen Winterschlaf, sie dösen nur in ihren gemütlichen Kobeln auf weichen Moospolstern vor sich hin. Ab und zu treibt sie der Hunger nach draußen. Dann suchen sie eines ihrer zahlreichen Futterverstecke unter dem Schnee und holen sich ein paar Nüsse.

Die kleinen Vögel des Waldes können ihren Hunger nicht so leicht stillen. Meisen, Goldhähnchen, Zaunkönige und auch Kleiber können mit ihren leichten Schnäbeln die bretthart gefrorenen Borken der Bäume oft nicht aufhacken, um an die Insekten darunter zu kommen. Aber sie wissen sich zu helfen. Sie warten, bis der Buntspecht Hunger hat. Sein starker Schnabel knackt auch dick vereiste Baumrinden. Doch er ist kein sehr sorgfältiger Insektenvertilger, sondern lässt genügend Falter, Raupen und Spinnen für die anderen Vögel übrig. Deshalb folgen sie dem Specht durch den Winterwald.

Nur solange sie genug zu fressen haben, brauchen Zaunkönige den Winter nicht zu fürchten. Die Kälte allein macht ihnen nicht so viel aus. In besonders eisigen Winternächten verkriechen sie sich in alten Nestern. Dann sitzen oft bis zu fünfzehn kleine Federknäuel zusammen und wärmen sich gegenseitig. Aber ein einziger Fastentag in grimmiger Kälte würde sie alle umkommen lassen.

Ein Fuchs sitzt vor dem Eingang zu seinem Bau. Er wartet auf die Abenddämmerung. Dann geht er auf die Pirsch.

Eichen, Buchen und andere Laubbäume im Wald kannst du auch ohne ihr Blätterkleid bestimmen. Im Winter musst du auf ihre Wuchsform achten, auf die Verzweigungen ihrer Äste und auf die Form ihrer Knospen. Das sind unverwechselbare Kennzeichen jedes Baumes.

Hungrige Wildschweine suchen unter dem Schnee nach Eicheln. Im Winter finden sie oft nicht genügend Nahrung. Dann müssen sie von der Speckschicht zehren, die sie sich im Herbst angefressen haben.

Der Wald liegt unter einer dicken Schneedecke. Kaum ein Laut unterbricht die winterliche Stille. Nur ab und zu hört man den gedämpften Ruf einer Meise oder das leise Zirpen des Goldhähnchens. Die Vögel verkriechen sich jetzt vor der eisigen Kälte in die verlassenen Nester des letzten Sommers. Nur einer nicht: der Fichtenkreuzschnabel. Wenn er auftaucht, kommt Leben in den stillen Winterwald. Er schmettert gerade jetzt von den höchsten Spitzen der verschneiten Fichten sein Lied laut hinaus. Mitten im tiefsten Winter, bei Schnee und Frost, singt das Männchen des Fichtenkreuzschnabels unermüdlich seine Strophen. Es möchte damit ein Weibchen anlocken. Fichtenkreuzschnäbel paaren sich im Winter und brüten auf verschneiten Bäumen.

Der Fichtenkreuzschnabel

Lebensraum:	meist Fichtenwälder
Größe:	16 cm, Gewicht 30 bis 40 Gramm
Nahrung:	Fichtensamen und Insekten
Lebenszeit:	etwa 7 Jahre
Feinde:	Habicht, Sperber
Besondere Merkmale:	kräftiger Schnabel mit gekreuzter Spitze
Typisches Verhalten:	brütet im Winter

Wusstest du,

dass junge Fichtenkreuzschnäbel noch keine überkreuzten Schnabelspitzen haben? Erst drei Wochen nach dem Ausfliegen wachsen die Spitzen kreuzweise übereinander.

In einem stabilen Nest aus Zweigen und Halmen brütet das Weibchen des Fichtenkreuzschnabels drei bis vier Eier aus. Sind die Jungen geschlüpft, werden sie von beiden Eltern gemeinsam gefüttert.

Der Nistplatz der Fichtenkreuzschnäbel liegt gut versteckt hoch oben in den Baumwipfeln unter dichten, überhängenden Zweigen. Ihr Nest bauen Männchen und Weibchen gemeinsam. Fleißig sammeln sie kleine Fichtenzweige, trockene Grashalme, Moos und Flechten und weben daraus eine dicke, warme Nestkugel. Die Jungvögel sollen vor einem heftigen Schneesturm oder einem Graupelschauer geschützt sein. In das fertige Nest legt das Weibchen drei bis vier Eier. Während des Brütens verlässt das Weibchen das Gelege nur selten, es brütet die Eier allein aus. Bis die Jungen schlüpfen, wird es vom Männchen gefüttert.

Der Fichtenkreuzschnabel frisst am liebsten Fichtensamen. Damit füttert er auch seine Jungen. Mit seinem Kreuzschnabel öffnet er die Schuppen der Fichtenzapfen und holt mit der Zunge die zarten, weichen Samen heraus. Manchmal hängt er beim Fressen kopfunter an den Zapfen, manchmal beißt er die Zapfen ab und trägt sie zu einem geeigneten Futterplatz. Täglich muss er in Rekordzeit viele Tausende von Schuppen entkernen, denn die kleinen Samen machen kaum satt. Er kann aber auch nicht warten, bis die Zapfen sich öffnen und die Samen herausfallen. Sein Schnabel macht es unmöglich die Samen vom Boden aufzupicken.

Der Fichtenkreuzschnabel, links ein Männchen, rechts ein Weibchen, ist nur manchmal Wintergast in unseren Wäldern.

Ein Kreuzschnabelmännchen hat einen reifen Fichtenzapfen entdeckt. Gleich wird er mit seinem Spezialschnabel die einzelnen Schuppen des Zapfens öffnen. Dazu setzt er beide Schnabelspitzen am Schuppenrand an, schließt dann den Schnabel und drückt so die Schuppe auf.

Tierspuren

Wenn du mit offenen Augen durch den Wald gehst, findest du überall Tierspuren. Eichhörnchen, Buntspecht oder Fuchs brauchst du gar nicht zu sehen, auch ihre Spuren erzählen dir viel aus ihrem Leben. Du musst nur verstehen sie zu lesen.

Kratzspuren an einem Baum zeigen dir den Weg zu einem Eichhörnchenkobel, und ein großes Loch im Stamm führt dich zur Wohnhöhle eines Buntspechts. Folgst du einer Fuchsspur im Schnee, kommst du vielleicht zum Höhleneingang dieses scheuen Einzelgängers. Trottet ein Fuchs nach Hause, setzt er pedantisch genau ein Bein vor das andere. Beim Anschleichen an ein Beutetier liegen die Abdrücke seiner Füße in zwei Reihen dicht hintereinander. Verfolgt er im Galopp einen Hasen, erkennst du das an einem anderen ganz typischen Muster: »Punkt, Doppelpunkt, Punkt« schreiben jetzt seine Pfotenabdrücke deutlich in den Schnee.

Ab und zu findest du bei deinen Streifzügen viele rostbraune Federn auf dem Boden verstreut. Möchtest du wissen, wer hier einen Eichelhäher erwischt hat? Dann schau dir die Federn genau an. Sind die Federkiele abgebissen, war es ein Fuchs. Sind die Federn sauber herausgezogen und die Federschäfte nur geknickt, hat ein Habicht den Vogel gefangen und gerupft. Genauso eindeutige Visitenkarten hinterlassen auch andere Tiere des Waldes mit ihren Futterresten. Haselnüsse werden von vielen gerne gefressen. Mäuse, Eichhörnchen, Kleiber und Buntspechte öffnen Nüsse auf ganz unterschiedliche Weise. Mäuse nagen ein Loch in die Nussschale, um an den süßen Kern zu gelangen. Eichhörnchen knabbern eine Nuss zuerst oben an und sprengen sie dann mit ihren Nagezähnen in zwei Hälften. Findest du unter einem Baum viele halbierte Haselnüsse, hast du mit Sicherheit den Futterplatz eines Eichhörnchens entdeckt. Zertrümmerte Nussschalen dagegen deuten auf einen Specht oder Kleiber hin. Diese beiden Vögel klemmen die Nüsse in die Spalten der Baumstämme und hacken so lange darauf, bis sie aufbrechen. Der Kleiber benützt seinen »Schraubstock« nur einmal, der Specht immer wieder. Er entfernt die leeren Schalen und steckt dann die nächste Nuss hinein. Unter einer solchen Spechtschmiede sammeln sich oft ganze Berge zertrümmerter Nussschalen an.

Manchmal endet eine Mäusespur an einem zerwühlten Platz. Abdrücke langer Flügel verraten, dass der Waldkauz erfolgreich auf Jagd war.

Der Waldkauz würgt die unverdaulichen Reste seiner Mahlzeit nach einigen Stunden wieder aus. Diese verfilzten Ballen nennt man Gewölle.

Die Nussschmiede eines Buntspechts.

Langsam wird es Frühling im Wald. Auf kleinen Schneeinseln kannst du aber immer noch die Fährten von Fuchs und Rothirsch verfolgen.

Der Buntspecht

Lebensraum:	Laub- und Nadelwälder, Parks
Größe:	etwas größer als eine Amsel
Nahrung:	im Sommer Insekten, im Winter Früchte und Samen
Lebenszeit:	elf Jahre
Feinde:	Habicht, Eichhörnchen, Baummarder
Besondere Merkmale:	kräftiger Stützschwanz; besondere Anordnung der Zehen (zwei zeigen nach vorne, zwei nach hinten)
Typisches Verhalten:	Männchen und Weibchen trommeln mit dem Schnabel

»Trrrr«, »Trrrr«, und noch einmal »Trrrr« schallt es kilometerweit durch den Wald. Ein Buntspecht trommelt den Frühling ein. In rascher Folge schlägt er mit dem Schnabel gegen einen Ast. Zwölf bis vierzehn Schläge in weniger als einer Sekunde, das ist sein Trommelwirbel. Der Buntspecht ist ein Einzelgänger. Er beansprucht ein sehr großes Revier ganz für sich allein.

Wusstest du,

dass der Buntspecht eine sehr lange, klebrige Zunge mit kleinen Widerhaken besitzt? Damit angelt er Maden aus dem morschen Holz.

Ein Buntspechtmännchen hat einen Fichtenzapfen in eine Astgabel geklemmt. Er will mit dem Schnabel die Samen aus den einzelnen Zapfenschuppen herausholen. Das Männchen des Buntspechts erkennst du an einem roten Band im Nacken. Dem Weibchen fehlt dieses Band.

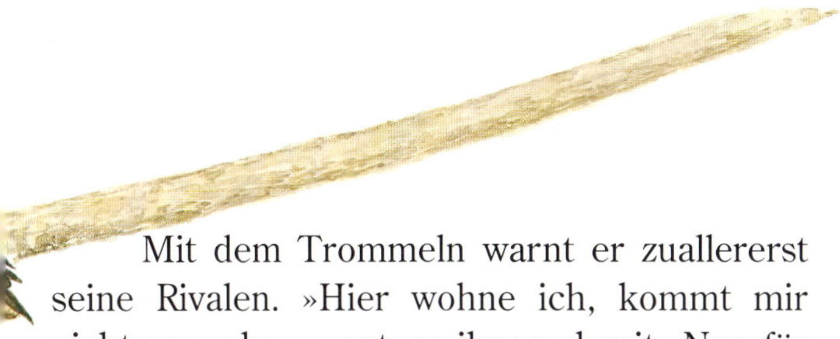

Mit dem Trommeln warnt er zuallererst seine Rivalen. »Hier wohne ich, kommt mir nicht zu nahe«, sagt er ihnen damit. Nur für kurze Zeit, in den letzten Märztagen, will er mit seinem Trommelwirbel auch ein Weibchen anlocken.

Buntspechte zimmern eine Baumhöhle als Wiege für ihre Kinder. Mit ihren kräftigen Zehen krallen sie sich in der Borke eines alten, stattlichen Baumes fest und meißeln mit ihrem Schnabel Span um Span aus dem Stamm. Fast vier Wochen sind Männchen und Weibchen damit beschäftigt. Während dieser Arbeit stützen sie sich mit ihren harten, steifen Schwanzfedern am Baumstamm ab. Ist die Höhle groß genug, legt das Weibchen sechs weiße Eier. Nistmaterial wird keines eingetragen, die Eier liegen direkt auf den Holzspänen. Etwa zwölf Tage werden sie abwechselnd vom Männchen oder vom Weibchen gewärmt. Dann schlüpfen die Jungen. Nun sammeln beide Eltern unermüdlich Insektenraupen, oder sie hacken die Fraßgänge von Borkenkäfern frei und angeln mit ihrer Zunge die Larven heraus. Nach etwa drei Wochen sind die Jungen flügge und verlassen ihre Bruthöhle. Auch ihre Eltern gehen nun wieder getrennte Wege.

Ohne seinen großen, kräftigen Schnabel wäre der Buntspecht hilflos. Damit meißelt er eine Bruthöhle in morsche Baumstämme, bearbeitet Nüsse und Zapfen, grenzt sein Revier ab und trommelt damit auch sein »Liebeslied« auf trockenen Ästen.

Ein Buntspechtweibchen ist zur Bruthöhle zurückgekehrt. Es füttert einen Jungvogel. Du siehst ganz deutlich, wie es sich mit seinen kräftigen Zehen in der Borke festkrallt.

Junge Buntspechte haben einen rot gefärbten Oberkopf. Diese drei sitzen in ihrer Bruthöhle und schauen erwartungsvoll nach oben: Hoffentlich kommen bald die Eltern mit Futter zurück.

Ein Buntspecht an seiner Zapfenschmiede.

So zerhackt und zerfasert sehen Fichtenzapfen aus, die ein Buntspecht bearbeitet hat.

Borken sind das Gesicht der Bäume. An ihrem Aussehen und an ihren Furchen kannst du einen Baum bestimmen. Die Rotbuche zum Beispiel hat eine glatte Borke, die Stieleiche eine tief gefurchte. Hier siehst du von oben nach unten: Rotbuche, Stieleiche, Kiefer und Fichte.

Weberknechte sind sehr scheu. Meistens kommen sie erst in der Dämmerung aus ihren schattigen Schlupfwinkeln hervor. Sie gehören zwar zur großen Familie der Spinnentiere, haben aber keine Giftklauen oder Spinndrüsen. Werden sie angegriffen, opfern sie einfach eines ihrer Beine und nehmen schnellstens Reißaus.

Das Alter eines Baumes kannst du ganz leicht an den Jahresringen bestimmen. Jeder Ring bedeutet ein Jahr Wachstum. Die Dicke eines Jahresrings ist vom Wetter abhängig: In trockenen Jahren liegen die Ringe dicht beieinander, der Baum wächst nur langsam. In Wachstumsjahren mit genügend Sonne und Regen sind die Ringe dicker.

Die Schnittstelle eines gefällten Baumes verrät dir sein Alter.

Es macht Spaß unterschiedliche Borken mit geschlossenen Augen zu betasten und einen Baum daran erkennen zu lernen.

Streifzug durch den Wald

Sicher gehst du oft ins Naturmuseum, um Tiere kennen zu lernen. Doch viel spannender als jedes Museum ist die Natur selbst. Da gibt es jeden Tag Neues zu entdecken.

Wenn du an einem warmen Maitag durch den Wald streifst, wirst du immer wieder erstaunliche Dinge beobachten können. Am meisten siehst du aber, wenn du dich irgendwo still hinsetzt und geduldig wartest. Dann beginnt der Wald um dich auf einmal zu leben.

Du kannst Ameisen sehen, die eine riesige Raupe erbeuten. Oft helfen zehn Ameisen zusammen und tragen die Raupe in die Burg. Jagdspinnen flitzen durchs Laub und Schnecken kriechen über Moospolster. Ein dürres Holzstückchen in deiner Nähe bewegt sich plötzlich und du erkennst eine Spannerraupe. Vielleicht kannst du sogar ein Rotkehlchen beobachten, wie es im Unterholz sein Nest baut. Und sicher siehst du Eichhörnchen die Stämme hinauf- und hinunterrasen.

Wenn dein Beobachtungsplatz unter einer Buche liegt, solltest du unbedingt die Blätter mit einer Lupe absuchen. Dann siehst du viele kleine Käfer, die mit ihren Minirüsseln kleine Löcher in die Buchenblätter stanzen. Stupst du so einen Winzling mit den Fingern an, springt er in einem riesigen Satz davon. Bis zu einem halben Meter weit kann er springen. Dieser Zwerg auf dem Buchenblatt ist der Buchenspringrüssler, eines der häufigsten Insekten im Wald.

In diesem ausgehöhlten Baumstumpf verstecken sich oft Weberknechte. Mal sehen, ob wir sie entdecken.

Heftige Frühlingsstürme brausen durch den Wald. Es ist April. Ein kleiner Vogel, kaum größer als eine Kohlmeise, pfeift mit dem Wind um die Wette. Seine klangvollen »Tuit-Tuit-Tuit«-Rufe ertönen jetzt immer wieder von den Bäumen.

Der Kleiber

Lebensraum:	Laub- und Nadelwälder mit alten Bäumen
Größe:	14 cm, Gewicht etwa 20 Gramm
Nahrung:	Pflanzensamen, Spinnen, Insekten und deren Larven
Lebenszeit:	etwa 9 Jahre
Feinde:	Sperber, Eichhörnchen
Besondere Merkmale:	lange Zehen und Krallen; Schnabel spitz wie ein Dolch
Typisches Verhalten:	kann auch den Stamm hinunterklettern

Das Weibchen des Kleibers legt im Mai sechs bis neun rötlich gefleckte, weiße Eier.

Diese Eier können auffällig weiß sein, denn Tarnfarben sind in dunklen Höhlen überflüssig.

Es ist ein Kleiber, der sein Revier abgrenzt und um ein Weibchen wirbt. Mit etwas Glück kann man ihn auch beobachten, wenn er mit gefächertem Schwanz und gespreizten Flügeln eine Kleiberfrau in seiner Nähe umschwirrt.

Kleiber sind Höhlenbrüter. Sie bauen ihre Bruthöhle aber nicht selbst, sondern lassen einen Buntspecht für sich arbeiten. Buntspechte zimmern jedes Jahr eine neue Höhle zum Brüten. Hat die Höhle ausgedient, kann im nächsten Jahr das Kleiberpaar einziehen. Natürlich ist der Eingang zu ihrer Wohnung zu groß. Aber die kleinen Kleiber wissen sich zu helfen. Sie holen Erde, vermengen sie mit Spucke und mauern ihr Schlupfloch etwas zu. Jetzt brauchen sie sich vor keinem ihrer Feinde mehr zu fürchten.

Ein richtiges weiches Nest baut das Kleiberpaar in seiner Bruthöhle nicht. Die beiden tragen nur kleine Rindenstückchen und trockene Blätter herbei. Das genügt als Unterlage für die Eier. Zwei Wochen muß das Weibchen allein brüten, dann schlüpfen die Jungen. Es dauert lange, bis sie flügge werden. Fast vier Wochen müssen die Eltern fleißig Insekten sammeln, um ihre Kinder satt zu bekommen.

Im Bild schaut ein Jungvogel aus seiner Bruthöhle: Er wartet auf Futter. Kleiber verkleinern jeden Eingang zu ihrer Höhle. Selbst Einfluglöcher von Nistkästen werden von ihnen mit Lehm verschmiert.

Wusstest du,

dass der Kleiber als einziger Vogel auch stammabwärts klettern kann? Seine langen Krallen an den Zehen wirken wie Steigeisen.

Ein Kleiber kommt mit Futter im Schnabel zur Bruthöhle zurück.

Geheimnisvolle Zeichen unter der Rinde

Kannst du dir vorstellen, dass ein kleiner Käfer, kaum größer als ein Stecknadelkopf, ganze Wälder vernichtet? Dieser kleine Käfer hat den Namen »Großer Waldgärtner«. Er gehört zur Familie der Borkenkäfer und ist ein gefährlicher Feind der Bäume. Seine Opfer sind hauptsächlich Kiefern.

An warmen Frühlingstagen verlassen diese kleinen Käfer ihr Winterlager und schwärmen durch den Wald. Sie sind auf der Suche nach einem geeigneten Nahrungsbaum für ihre Kinder. Haben sie ihn gefunden, bohren sich Männchen und Weibchen unter die Rinde und paaren sich. Nach der Paarung nagt das Weibchen einen langen Gang in die Bastschicht und legt in kleine Nischen entlang dieses »Mutterganges« seine Eier. Sind alle Eier untergebracht, schwärmen die beiden wieder aus, bohren sich in junge Kieferntriebe ein und stärken sich daran. Dadurch werden die Triebe ausgehöhlt und brechen ab. Für einen Waldbesucher, der nichts von Borkenkäfern weiß, sieht das aus, als hätte ein »Wald-

Ein Sturm hat viele Fichten entwurzelt. Das ist ein idealer Lebensraum für Borkenkäfer. Sie vermehren sich stark und überfallen später auch gesunde Bäume.

gärtner« die Zweige mit einer Schere gekappt. Jetzt weißt du auch, woher diese kleinen Käfer ihren Namen haben.

Aus den abgelegten Eiern schlüpfen bald weißliche Käferlarven. Wenn sie Hunger haben, fressen sie auf beiden Seiten des Mutterganges waagrechte Gänge durch die nahrungsreiche Bastschicht. Anfangs sind diese Gänge sehr schmal. Aber die Larven wachsen und werden größer. Sie bohren deshalb auch immer breitere Gänge. Am Ende ihrer Larvenentwicklung nagen sie ein kleines Verpuppungskämmerchen und einige Wochen später bohren sich fertig entwickelte Käfer einen Fluchttunnel ins Freie. Bis zum Herbst fliegen sie durch den Wald und fressen wie ihre Eltern an jungen Trieben. Erst wenn es kälter wird, verkriechen sie sich unter der Rinde alter Baumstämme zum Überwintern.

Natürlich gibt es noch eine Reihe anderer Borkenkäfer. Sie haben so abenteuerliche Namen wie »Kupferstecher« oder »Buchdrucker« und sind genau so bekannt und berüchtigt wie der »Waldgärtner«. Jeder von ihnen hat eine eigene Geheimschrift, jeder hinterlässt ein besonderes, für ihn typisches Muster unter der Borke, und alle sind sie große Sorgenkinder der Förster.

Fast in jedem Wald findest du abgestorbene Bäume, die noch nicht gefällt wurden. Ihre Borke sitzt meist locker, so dass du sie wie einen Buchdeckel zur Seite klappen kannst. Darunter findest du oft merkwürdige Zeichen und Muster: Borkenkäfer haben sie in den Stamm genagt. In der Zeichnung hat ein Buchdrucker seine Nagespuren an einer Fichte hinterlassen.

Dieser kleine Borkenkäfer heißt Buchdrucker. Er ist nur etwa fünf Millimeter groß. In warmen Sommern braucht er für seine gesamte Entwicklung vom Ei bis zum fertigen Käfer kaum mehr als sechs Wochen.

Borkenkäfer werden in Lockstoff-Fallen gefangen. Auf dem Bild siehst du eine solche Borkenkäferfalle.

An einem sonnigen Waldweg, am Stamm einer großen Fichte, haben Tausende von Tieren unermüdlich Nadeln und Zweige zu einem Haufen aufgeschichtet. In dieser großen Nadelburg leben die Roten Waldameisen. Aber der hohe Nadelhaufen ist nur das Dach ihrer Behausung. Die eigentliche Ameisenburg mit ihren weitläufigen Gängen und Kammern reicht fast zwei Meter tief in den Boden. Fleißige Arbeiterinnen haben sie angelegt.

Ein Ameisenvolk ist wie eine große Familie, in der jeder seine Aufgaben hat. Zur großen Ameisenfamilie gehören Arbeiterinnen, Drohnen und eine oder mehrere Königinnen. Arbeiterinnen versorgen als Ammen die Eier, Larven und Puppen. Und sie füttern und pflegen die Königin. Auch im Außendienst werden sie eingesetzt: Sie sammeln Blumensamen, schleppen Beutetiere heran und passen auf, dass keine Feinde in ihre Burg eindringen. Drohnen und Königinnen sind fortpflanzungsfähig und für den Erhalt der Ameisenfamilie zuständig.

Die Ameisenkönigin wohnt in den untersten Erdkammern ihrer großen Nadelburg. Nur einmal in ihrem Leben, an einem sonnigen Tag im Mai, steigt sie nach oben. Dann begibt sie sich auf den Hochzeitsflug. Nach der Paarung wirft sie ihre Flügel ab und krabbelt wieder in die Tiefe. Von nun an legt sie Jahr für Jahr fleißig Eier.

Die Rote Waldameise

Lebensraum:	Nadelwälder
Größe:	5 bis 8 mm
Nahrung:	Insekten, Pflanzensamen, süße Pflanzensäfte
Lebenszeit:	Königinnen: 15 bis 20 Jahre, Arbeiterinnen: 2 bis 3 Jahre
Feinde:	Specht, Dachs
Besondere Merkmale:	bespritzen Angreifer mit Ameisensäure
Typisches Verhalten:	legen Duftspuren (Ameisenstraßen)

Ameisen können das Zwanzigfache ihres eigenen Gewichts tragen.

Wusstest du,

dass in einem Ameisenhaufen etwa 800 000 Ameisen leben?

Die Nester der Roten Waldameise liegen immer in der Nähe von Bäumen oder Sträuchern, denn im Geäst machen die Arbeiterinnen Jagd auf Insekten.

Ein Blick in die Brutkammer der Roten Waldameise.

Jedes abgelegte Ei ist kaum größer als ein Sandkorn und wird von Ameisenammen sofort zum Eilager fortgetragen. Nach zehn Tagen schlüpft daraus eine kleine Larve. Diese Larve hat noch keine Augen, keine Fühler und keine Beine. Sie ist noch vollkommen hilflos und wird von den Ammen versorgt und gefüttert. Wenn sie genug gefressen hat, verpuppt sie sich. Für ihre weitere Entwicklung braucht sie viel Wärme. Deshalb wird sie von ihrer Pflegerin aus der Tiefe des Nestes in die oberen Stockwerke der Ameisenburg getragen. Dort ist es wärmer. Mit dem Ende der Puppenruhe beginnt eine junge Ameise ihr Leben.

Auf dem Waldboden liegt eine tote Spitzmaus. Lange bevor ein Fuchs den feinen Aasgeruch wahrgenommen hat, ist ein kleiner Käfer zur Stelle, gerade zwei Zentimeter groß: der Totengräber. Er gehört zur Familie der Aaskäfer und hat seinen Namen völlig zu Recht, denn er

Der Totengräber

Lebensraum:	alle Wälder
Größe:	etwa 22 mm
Nahrung:	Aasfresser
Lebenszeit:	etwa 1 Jahr
Feinde:	Vögel, Spitzmäuse
Besondere Merkmale:	zwei rostbraune Querbinden auf den Flügeln
Typisches Verhalten:	vergraben tote Vögel und Mäuse und füttern damit ihre Larven

Wusstest du,

dass der Totengräber seine Feinde ganz geschickt täuscht? Mit den orangefarbenen Streifen auf seinem schwarzen Rücken täuscht er die Färbung einer Hummel vor und wenn er angegriffen wird, summt er sogar wie eine Hummel.

Auch Fleischfliegen sind Aasverwerter. Sie legen an toten Tieren aber nicht ihre Eier ab, sondern ihre Larven.

»begräbt« Tiere, die gerade gestorben sind – die tote Spitzmaus ebenso wie einen kleinen Singvogel. Du erkennst ihn an zwei auffälligen, orangefarbenen Streifen auf seinen kurzen, schwarzen Flügeln.

Dieser Käfer wittert tote Tiere auf große Entfernungen. Sein Geruchssinn in den Fühlern funktioniert ausgezeichnet. Als guter Flieger ist er auch schnell an Ort und Stelle. Dort ruft er mit einer Duftbotschaft ein Weibchen herbei. Natürlich bekommen auch andere Artgenossen Wind von dieser Botschaft und machen sich auf den Weg zur toten Maus. Alle zusammen wühlen die Erde unter dem toten Tier zur Seite. Bald haben sie um die Maus einen kleinen Erdwall aufgeschichtet, der höher und höher wird. Langsam, fast unmerklich, versinkt die Spitzmaus in der Tiefe. Schon nach wenigen Stunden ist ihr Grab fertig.

Aber dann geschieht etwas Merkwürdiges: Die Käfer beginnen eine heftige Rauferei um das tote Tier. Die Kämpfe dauern so lange, bis ein Käferpaar alle anderen vertrieben hat. Es krabbelt als Sieger in das Grabgewölbe hinunter und hat nun die Spitzmaus für sich allein.

Ganz uneigennützig wurde die Maus nämlich nicht verscharrt. Totengräber sichern auf diese Weise die Ernährung ihrer Larven. Das Weibchen legt um das tote Tier seine Eier in die Erde. Wenn nach etwa zwei Wochen kleine Totengräberlarven schlüpfen, erwartet sie Nahrung im Überfluss.

Totengräber sind nicht die einzigen Aasfresser. Käfer und Larven des Rothals-Aaskäfers leben ebenfalls von toten Tieren.

Etwa eine Woche lang ernähren sie sich von dem Tierkadaver, dann verpuppen sie sich. Im Spätsommer verlassen sie ihre Puppenwiege in der Erde und krabbeln als fertig entwickelte Totengräber ans Tageslicht.

Totengräber begraben eine Spitzmaus. Mit vereinten Kräften schieben sie die Erde um das tote Tier zur Seite.

Leben in Stockwerken

In den Borkenritzen alter Baumstämme verstecken sich unzählige Spinnen und Insekten.

Wiesen und Felder tragen noch das graue Kleid des Winters. Im Laubwald blühen jedoch schon Buschwindröschen und Schlüsselblumen.

Hast du dir einmal überlegt, warum Buschwindröschen und Schlüsselblumen zu den »Frühaufstehern« des Blütenjahres gehören? Der Grund ist das Sonnenlicht. Diese Frühblüher nutzen geschickt die lichtreichste Zeit im Laubwald. Haben Eichen und Buchen erst ihre Blätter entfaltet, ist es am Waldboden dunkel und schattig. Dann ist es für sie zum Blühen zu spät.

Pflanzen können ohne Licht nicht wachsen und blühen. Manche brauchen viel Sonnenlicht, andere kommen mit weniger aus, und wieder andere fühlen sich nur im Schatten richtig wohl. Deshalb kann man den Laubwald, wie ein großes Haus, in einzelne »Stockwerke« einteilen. In jedem Stock leben ganz bestimmte Pflanzen und Tiere.

Richtig hell ist es nur im Dachgeschoss des Laubwaldes, in den Baumkronen. Hier oben richten sich die Blätter zur Sonne aus. So viel zartes Blattgrün lockt natürlich Insekten an: Unter dem Dach des Waldes leben Hunderte von Schmetterlingsraupen, auch viele Maikäfer. In dieser luftigen Höhe ziehen viele Singvögel ihre Kinder groß, Eichhörnchen verstecken hier ihre Kobel zwischen den Blättern.

Im Stockwerk darunter ist es nicht mehr so hell. In diesem Bereich wachsen Sträucher wie Haselnuss, Berberitze oder Holunder. Hier leben auch ganz andere Tiere: Spechte und Kleiber haben in alten Baumstämmen ihre Nisthöhlen. Auch viele andere Tiere leben hier: Fledermäuse, Hummeln und Hornissen.

Im Erdgeschoss der großen Waldbäume ist es im Sommer sehr schattig. Unter dem dichten Blätterdach von Eichen und Buchen wachsen am Waldboden nur noch Moose und Farne und einige Kräuter, die mit sehr wenig Licht auskommen.

Frostspannerraupen sind ein Leckerbissen für viele Vögel und ihre Jungen. Der Waldlaubsänger findet hier einen reich gedeckten Futtertisch.

Dieser Schmetterling trägt den Namen »Gemeines Moderholz«, weil er in Ruhestellung ein verrottetes Holzstückchen nachahmt.

Wusstest du,

dass junge Wildschweine, die Frischlinge, ihr Streifenkleid erst im Alter von sechs Monaten ablegen? Mit Beginn des Herbstes bekommen sie die typische Färbung der erwachsenen Tiere.

Ausgewachsene Wildschweinmännchen haben große Eckzähne. Zur Paarungszeit kämpfen sie damit um die Weibchen.

Mit ihrer kräftigen Rüsselscheibe pflügen Wildschweine auf der Suche nach Nahrung den Boden um. Oft richten sie dabei beträchtlichen Schaden an.

Das Wildschwein

Lebensraum:	Laub- und Mischwälder mit sumpfigen Stellen
Größe:	Länge etwa 140 cm, Schulterhöhe knapp 1 m, Gewicht bis zu 190 kg
Nahrung:	Allesfresser: Mäuse, Würmer, Aas, Früchte und Wurzeln
Lebenszeit:	etwa 20 Jahre
Feinde:	einziger Feind ist der Mensch
Besondere Merkmale:	dichtes, borstiges Fell; langer, kräftiger Rüssel mit runder Rüsselscheibe
Typisches Verhalten:	nimmt Schlammbäder zur Haut- und Fellpflege

Eine Spätsommernacht im Wald. Der Mond wirft gespenstisch lange Schatten. Leichte Nebelschwaden breiten sich über dem Waldboden aus. Im Unterholz knacken Äste. Laut quiekend jagen einige Wildschweinmütter mit ihren Frischlingen durch den nächtlichen Wald. Sie haben Hunger. Tagsüber trifft man solche Wildschweinrotten kaum an. Erst im Schutz der Dunkelheit suchen sie nach Nahrung.

Im Sommer schließen sich häufig mehrere Bachen, so nennt man die weiblichen Wildschweine, und manchmal bis zu dreißig Frischlinge zu Wildschweinkindergärten zusammen. Das hat einen großen Vorteil für die jungen Frischlinge: Falls einer Bache etwas zustößt, werden ihre verwaisten Kinder von den anderen übernommen und gut versorgt. Die männlichen Wildschweine, die Keiler, streifen alleine durch den Wald. Sie kümmern sich nicht um die Jungtiere. Nur zur Paarungszeit schließen sie sich den Rotten an.

Bachen sind sehr aufmerksame und fürsorgliche Mütter. Wenn sie mit ihren Kindern unterwegs sind, solltest du ihnen am besten aus dem Weg gehen. Falls man ihnen zu nahe kommt, greifen sie ohne zu zögern an.

Auch jetzt bei der Nahrungssuche beobachten sie sehr sorgfältig ihre Umgebung. Mit ihren kleinen Augen sehen sie zwar nicht besonders gut, aber auf ihre Ohren und ihre Nase können sie sich verlassen. Ihnen entgeht kein verdächtiges Geräusch und sei es noch so leise. Wittert ein Tier Gefahr, warnt es sofort alle anderen: Es grunzt kurz und im Nu ist die gesamte Horde verschwunden.

Wildschweine suhlen sich gerne im Schlamm. Nach dem Schlammbad scheuern sie ihr Fell an Bäumen und markieren damit ihr Revier.

Frischlinge werden ungefähr zwei Monate gesäugt. Dabei hat jedes Tier seine Zitze, es gibt eine richtige »Trinkordnung«.

Der Wald in Gefahr

Wälder sind für uns lebensnotwendig. Die Bäume versorgen uns mit Sauerstoff zum Atmen, filtern mit ihren Blättern und Nadeln den Staub aus der Luft und die Wurzeln speichern unser Wasser. Aber wir tun wenig, um sie zu erhalten.

Jede zweite Eiche oder Buche ist heute bereits krank. Autoabgase, Rauch aus den Schornsteinen der Wohnhäuser und vergiftete Luft aus Fabrikschloten werden mit dem Wind fortgetragen, kommen aber mit dem Regen wieder auf die Erde zurück. Der Regen wird durch diese Abgase in der Luft sauer und verätzt Blätter und Wurzeln. Die Bäume müssen verdursten, weil ihre zerstörten Wurzeln kein Wasser mehr aus dem Boden aufnehmen können. Ihre Blätter färben sich oft schon im Sommer gelb, vertrocknen und fallen ab. Die sonst dichten Baumkronen werden licht und durchsichtig. Auf einmal kann die Sonne auf den sonst dunklen Waldboden scheinen.

Eine gesunde Rotbuche kann über dreihundert Jahre alt werden. Sie wächst in dieser Zeit bis zu 45 Meter in die Höhe, ihr Stamm erreicht einen Durchmesser von 1,5 Meter und ihre Krone ist weit ausladend.

Vielleicht sind dir bei deinen Wanderungen durch den Wald bisher gar keine kranken Bäume aufgefallen. Das muss dich nicht wundern. Einen kranken Baum erkennt nicht jeder auf Anhieb, denn das Baumsterben hat viele Gesichter. Bei dieser Buche sind die Anzeichen der Krankheit eindeutig und nicht mehr zu übersehen. Ihre Krone ist deutlich ausgelichtet.

Auch Fichten und Kiefern sind krank. Ihnen setzt die Verschmutzung der Luft besonders zu. Viele mussten schon gefällt werden, weil Borkenkäfer wie der Buchdrucker und der Waldgärtner mit diesen geschwächten Riesen leichtes Spiel hatten. Sie vermehren sich unter der Rinde kranker Bäume sehr schnell und überfallen dann in großen Mengen auch gesunde Bäume. Das ist gefährlich, denn gegen einige wenige kann sich eine gesunde Fichte noch wehren. Werden es aber zu viele, erlahmt ihr Widerstand.

Viele Gegenden müssen bereits ohne den Schutz des Waldes auskommen. Auch der Gebirgswald ist stark geschädigt. Die Folgen sind manchmal schlimm. Starke Regengüsse werden nicht mehr von den Wurzeln der Bäume aufgefangen und im Boden gespeichert. Es kommt zu Schlammlawinen und Erdrutschen. Im Winter bedrohen Schneelawinen manche Gebirgsdörfer. Früher wurden sie vom Wald aufgehalten, jetzt sausen sie mit großer Geschwindigkeit ins Tal und reißen viele Häuser mit.

Dies ist ein gesunder Mischwald. Hier finden viele Tiere Schutz, Nahrung und sichere Verstecke.

Bei dieser Fichte erkennst du das Baumsterben ganz deutlich an den vergilbten Nadeln.

Diesen Fichtenwald haben Borkenkäfer in großen Mengen überfallen und die Bäume zum Absterben gebracht. Ein solcher Wald muss gefällt werden.

Vögel wie die Tannenmeise sind fleißige Insektenvertilger. Sie fressen auch Raupen und Puppen der Nonne, einem gefährlichen Nachtfalter.

Von den ersten Frühlingstagen bis weit in den Herbst gaukeln bunte Schmetterlinge durch den Wald. Ihre Farben leuchten in der Sonne, wenn sie von Blüte zu Blüte flattern. Aber nicht nur am Tage sind Schmetterlinge unterwegs, viele fliegen auch nachts durch den Wald.

Die »Nonne« ist ein besonders gefährlicher und gefürchteter Nachtfalter. Auch sie lebt im Wald. Mit der Farbenvielfalt ihrer Artgenossen kann sie aber nicht mithalten. Sie ist die »graue Maus« unter den Schmetterlingen. Gut getarnt sitzt sie tagsüber an Baumstämmen und wartet, bis es dunkel wird. Du musst schon sehr genau hinschauen, wenn du sie finden willst.

Nonnenfalter beginnen wie alle Schmetterlinge ihr Leben im Ei. Das Falterweibchen legt die Eier im Spätsommer unter Rindenschuppen ab. Hier überdauern sie geschützt den Winter. Erst im nächsten Frühjahr schlüpfen daraus gefräßige Raupen. Ihr ganzes Leben besteht nur aus Fressen. Dafür wurden sie von der Natur gut ausgerüstet: Sie besitzen am Kopf kräftige Kiefer zum Zerschneiden der Nadeln und Blätter. Nonnenraupen sind nicht sehr wählerisch, sie vertilgen Nadeln und Blätter von fast allen Baumarten, besonders gerne allerdings die Nadeln von Fichten und Kiefern. Nonnenraupen sind ständig hungrig. Während ihrer Entwicklung können sie ganze Wälder kahl fressen. Aber nach etwa zwei Monaten haben sie genug. Sie suchen sich unter Rindenschuppen ein verstecktes Plätzchen und verpuppen sich. Etwa acht bis vierzehn Tage dauert ihre Puppenruhe. In dieser Zeit verwandelt sich die Raupe in einen Schmetterling. Nach spätestens zwei Wochen zwängt sich ein Nonnenfalter aus der Puppenhülle.

Nonnenfalter haben nur ein sehr kurzes Leben. Höchstens zehn Tage fliegen sie durch den dunklen Wald. In dieser kurzen Zeit haben sie nur eine Aufgabe: Sie müssen möglichst viele Eier legen.

Die Nonne

Lebensraum:	Nadel- und Mischwälder
Größe:	Flügelspannweite 40 mm, Weibchen oft etwas größer
Nahrung:	die Raupen fressen Fichten- oder Kiefernnadeln, die Falter nehmen keine Nahrung auf
Lebenszeit:	nur 10 bis 14 Tage
Feinde:	Laufkäfer, Ameisen, Vögel
Besondere Merkmale:	Vorderflügel weiß mit vielen dunklen welligen Querlinien; Hinterflügel grau mit dunklen Punkten
Typisches Verhalten:	Falter ruhen tagsüber am Stamm

Wusstest du,

dass eine einzige Nonnenraupe während ihrer Entwicklung ungefähr 2000 Fichtennadeln frisst?

Nonnenfalter fliegen Nacht für Nacht durch den Wald auf der Suche nach günstigen Eiablageplätzen.

Nonnenraupen sind anfangs gerade zwei Millimeter groß. Bis zu ihrer Verpuppung wachsen sie auf 35 Millimeter heran. In dieser Zeit häuten sie sich etwa fünfmal. Schmetterlingsraupen haben eine feste Außenhaut, die nicht mitwachsen kann. Deshalb muss sich jede Raupe während ihrer Entwicklung mehrmals häuten.

Ausgewachsene Raupen der Nonne krabbeln zwischen Rindenschuppen am Stamm, spinnen sich eine feste Hülle und werden zur Puppe. Auch die Puppen sind durch ihre Färbung gut an den Untergrund angepasst.

Der Totenkopfschwärmer, einer unserer größten Schmetterlinge, ist hauptsächlich nachts anzutreffen. Seinen Namen verdankt er einer gespenstischen Totenkopfzeichnung auf der Oberseite seiner Brust.

Waldmäuse leben im Verborgenen und sind meist nachts unterwegs. Man kann sie gut von anderen Mäusen unterscheiden: Sie haben ein hellbraunes Haarkleid, große Ohren und einen nackten Schwanz. Wo sie nach Nahrung suchen, ist ihr Feind, das Mauswiesel, meist nicht weit.

Nachts im Wald

Bist du schon einmal nachts durch einen Wald gelaufen? Dann kennst du sicher die vielen geheimnisvollen Geräusche dort und weißt: In der Nacht sind viele Tiere unterwegs.

Mit der Abenddämmerung verstummt das Gezwitscher der Singvögel. Buchfinken, Meisen und Rotkehlchen stecken ihre Köpfe ins Gefieder und schlafen ein. Die Eichhörnchen verschwinden in ihren Kobeln, alle Tiere des Tages ziehen sich langsam zurück. Kurze Zeit später beginnt ein anderes Leben. Überall hörst du jetzt die typischen Geräusche der Nacht: Zweige knacken, Mäuse rascheln im Laub, ein Fuchs schreit laut »kekkek«, ein Rehbock bellt und manchmal lässt der Waldkauz sein langgezogenes »Hu-hu hu-huhuhu huuuh« hoch oben aus den Baumkronen ertönen. Jetzt kommen die scheuen Dämmerungs- und Nachttiere aus ihren Schlupfwinkeln. Sie haben den Tag verschlafen und gehen nun im Schutz der Dunkelheit auf Nahrungssuche. Alle haben große Augen, ein ausgezeichnetes Gehör und einen feinen Geruchssinn. So ausgerüstet finden sie sich auch in einer stockdunklen Nacht gut zurecht.

Der kleinste dieser nächtlichen Waldgeister ist die Haselmaus. Sie ist mit Schwanz gerade 15 cm lang. Haselmäuse sind scheue Tiere. Hat man sie bei einem nächtlichen Spaziergang im Laub entdeckt, sind sie meist mit wenigen Sprüngen auf und davon. Kaum größer und genau so flink ist die Waldmaus. Auch sie flitzt in blitzschnellen Sätzen über den Waldboden, bleibt plötzlich wie angewurzelt stehen und ist im nächsten Augenblick verschwunden. Man kann sie stets nur kurz im Licht der Taschenlampe sehen.

Im Dunkel der Nacht streift auch der Dachs durch den Wald. Vorsichtig streckt er seinen schwarz-weiß gemusterten Kopf aus dem Unterholz. Er ist auf der Suche nach Beeren und Pilzen. Beim Fressen schmatzt er oft so laut, dass man durch den dunklen Wald weithin hören kann, wie gut es ihm schmeckt.

Das Große Mausohr, eine Riesenfledermaus mit 40 Zentimeter Flügelspannweite, macht im nächtlichen Wald Jagd auf Käfer und Schmetterlinge. Man kann sie gut an ihrem langsamen, rudernden Flug erkennen.

Auch Baummarder sind vorwiegend nachts unterwegs und jagen gern in den Baumkronen. Sie sind ungefähr so groß wie eine Katze und so schnell, dass sie sogar ein Eichhörnchen fangen können.

Der Waldkauz

Lebensraum:	Wälder mit Lichtungen, Parks
Größe:	38 Zentimeter, etwa so groß wie eine Rabenkrähe
Nahrung:	Mäuse, Vögel, Frösche
Lebenszeit:	Höchstalter achtzehn Jahre
Feinde:	Uhu, Sperber
Besondere Merkmale:	großer runder Kopf; schwarzbraune Augen
Typisches Verhalten:	nachtaktiv, beobachtet von einer Sitzwarte aus seine Beute und stößt lautlos auf sie herab

Auf einer alten, knorrigen Eiche sitzt ein Waldkauz in der Nachmittagssonne und wärmt sich. Es dauert nicht lange, bis ihn Meisen, Grünlinge und Buchfinken entdecken, ihn laut schimpfend umkreisen und nach ihm hacken.

Der Waldkauz ist zwar ein Vogel der Nacht, aber manchmal kann man ihn auch während des Tages antreffen. Er nimmt gerne ab und zu ein Sonnenbad und das Gezeter der Singvögel stört ihn wenig. Nur wenn es zu viele werden, zieht er sich wieder in seinen Schlupfwinkel im Inneren der alten Eiche zurück.

Die kleinen Vögel verfolgen den Waldkauz nicht grundlos. Er ist ihr Feind. Als nächtlicher Jäger überrascht er schon ab und zu eine schlafende Meise, einen Grünling oder einen Buchfink, wenn er lautlos wie ein Gespenst durch die Baumkronen huscht. Am liebsten frisst er aber Mäuse und Maulwürfe. Sie machen immerhin fast drei Viertel seiner Nahrung aus. Auf Vögel als Beute greift er nur zurück, wenn er nicht genug Mäuse findet. Dann verschmäht er aber auch Frösche und Kröten, Käfer oder einen Regenwurm nicht, dann nimmt er alles, was sich ihm bietet.

Der Waldkauz jagt Nacht für Nacht durch die Dunkelheit. Auf der Suche nach Beutetieren streift er langsam wie ein lautloser Schatten über den Wald. Weil er feine Hornfäden an

Zwei junge Waldkäuze sitzen in der Abendsonne und wärmen sich. An ihrem quergestreiften, flaumigen Gefieder kannst du sie leicht erkennen. Junge Waldkäuze verlassen im Alter von vier bis fünf Wochen zum ersten Mal ihre Bruthöhle. Weil sie zu diesem Zeitpunkt noch nicht richtig fliegen können, landen sie oft ziemlich unsanft auf dem Erdboden. Meist klettern und flattern sie aber allein wieder in die Höhe.

Ein Waldkauz hat auf seinem nächtlichen Suchflug eine Waldmaus erbeutet. Jetzt ist er unterwegs nach Hause, wo er das Tier in Ruhe verspeisen wird. Er lässt nichts übrig. Waldkäuze fressen ihre Beutetiere ganz und gar.

Wusstest du,

dass Waldkäuze gerne in Menschennähe leben? Sie wohnen oft in Parks und Gärten und brüten auf Dachböden, in Scheunen und sogar in unbeheizten Schornsteinen.

den Kanten seiner Flügel hat, kann er völlig geräuschlos fliegen. Mit seinen großen Augen erkennt er eine Maus auch aus großer Höhe. Langsam gleitet er dann herab, lässt sich auf einem Ast nieder und beobachtet seine Beute. Erst im geeigneten Augenblick stürzt er sich auf die Erde. Auch das geschieht völlig lautlos. Unten am Waldboden braucht er dann aber seine Ohren, sonst würde er die Maus nicht finden. Der Waldkauz ist sehr weitsichtig, Dinge in nächster Nähe erkennt er nicht. Er sieht nicht, ob etwas Fressbares vor seinen Füßen liegt. Das muss er hören und ertasten. Könnte er das nicht, müsste er verhungern.

Ein Waldkauz beobachtet von seinem Ansitz aus die Umgebung.

Die Sonne geht unter. Langsam wird es Nacht im Wald. Ein Dachs steckt vorsichtig die Nase aus seinem Bau. Minutenlang prüft er, ob die Luft rein ist. Bemerkt er etwas Verdächtiges, verschwindet er sofort wieder in der Tiefe. Dachse sind sehr wachsam. Wittern sie fremde Gerüche, dann bleiben sie im Bau. Ist aber alles in Ordnung, kommt die gesamte Dachsfamilie heraus. Alle sind froh sich nach der langen Zeit im engen Bau wieder frei bewegen zu können. Sie dehnen und strecken sich ausgiebig, sie kratzen sich und helfen einander bei der Fellpflege. Die Jungen raufen und tollen herum und manchmal spielen sogar die Alten mit.

Der Dachs

Lebensraum: Wälder mit viel Unterholz, Waldränder
Größe: Körperlänge etwa 80 cm, Gewicht bis zu 12 kg
Nahrung: Allesfresser: Regenwürmer, Schnecken, Frösche, Früchte oder Wurzeln
Lebenszeit: etwa 15 Jahre
Feinde: kaum natürliche Feinde
Besondere Merkmale: schwarzweiße Gesichtsmaske, kräftige Vorderpfoten mit langen Krallen zum Graben
Typisches Verhalten: Dachse benutzen in ihrem Revier immer wieder die gleichen Wege

Früher glaubte man, der Dachs wäre ein scheuer Einzelgänger. Man nahm an, Männchen und Weibchen würden nur in der Paarungszeit zusammentreffen, den Rest des Jahres aber getrennte Wege gehen. Das stimmt nicht. Heute wissen wir, dass Dachse in großen Familiengemeinschaften leben. Zu einer solchen großen Dachsfamilie gehören meist mehrere erwachsene Männchen und Weibchen und ein bis zwei Würfe von Jungtieren.

Ihr gemeinsamer Bau ist ein unterirdischer Palast mit vielen Röhren und Kammern und mehreren Eingängen, die bis zu fünf Meter tief in den Boden führen. In den einzelnen Kammern sind die Lager mit trockenem Gras ausgepolstert. Dachse halten ihren Bau peinlich sauber. Manchmal schieben sie sogar ihre Lagerpolster nachts mit der Nase aus dem Bau heraus, um sie zu lüften.

Im Spätherbst bereitet die Dachsfamilie ihren Bau für den Winter vor. Sie tragen frische Blätter ein, die später gären und Wärme freisetzen. Dann werden alle Ausgänge verschlossen, damit die Kälte nicht eindringen kann. Dachse verlassen im Winter ihren Bau so gut wie nie. Einen echten Winterschlaf halten sie aber nicht. Sie ruhen nur viel und zehren in dieser Zeit von ihrer Speckschicht.

Wenn sie im nächsten Frühling zum ersten Mal ihre Behausung verlassen, sind sie richtig dürr geworden. Auch ihr Gang wirkt dann etwas unsicher und wackelig. Aber die Dachse erholen sich sehr schnell. Im reichhaltigen Nahrungsangebot des Frühlings finden die Dachse reichlich zu fressen. Und nach den ersten Regenwurmmahlzeiten streifen sie wieder wie gewohnt durch ihr Revier.

In Wäldern mit viel Unterholz und lockeren Böden gräbt der Dachs seine Höhle. Seine starken Vorderpfoten mit den langen Krallen verraten, dass er gut graben kann.

Wusstest du,

dass manche Dachsbaue jahrzehntelang von mehreren Generationen nacheinander bewohnt werden? Diese alten Baue haben dann 40 und mehr Eingänge.

Die beiden Bilder zeigen dir die Vorderpfote eines Dachses: rechts die behaarte Oberseite, links die Unterseite. Du siehst ganz deutlich die langen Krallen an den Zehen. Jetzt verstehst du auch, dass der Dachs mühelos Gänge bis in vier Meter Tiefe graben kann.

Auf der Waldlichtung

Viele hundert Jahre stand die alte Eiche an ihrem Platz und hat Wind und Wetter getrotzt. Jetzt hatte sie keine Kraft mehr. Ein Sturm wehte sie einfach um. Wo einst ihr großes Kronendach das Sonnenlicht abschirmte, ist nun eine Lichtung entstanden. Die Sonne kann ihre wärmenden Strahlen bis auf den Boden schicken und bald entsteht hier eine andere Welt, eine Welt des Lichtes. Jetzt wachsen hier Pflanzen, die nur in der Sonne gedeihen. Ihre Samen hat der Wind schon vor längerer Zeit hierher getragen. Sie ruhten im Boden. Nun werden sie vom Licht der Sonne geweckt, keimen aus und wachsen heran. Eine solche Pflanze ist das Weidenröschen. Es taucht im August solche Lichtungen in ein rosa Blütenmeer und lockt unzählige Insekten an. Wildbienen naschen den Blütennektar, Käfer holen sich Pollen, sogar Libellen jagen hier nach Mücken.

Manchmal entdeckst du auf sonnigen Waldlichtungen auch den Roten Fingerhut. Diese Pflanze wird von Erdhummeln bestäubt. Du kannst sie beobachten, wenn sie leise von Blüte zu Blüte brummen und in die langen Blütenkelche kriechen. Erdhummeln erkennst du an ihrem dichten Haarpelz, dem breiten gelben Streifen auf ihrem Rücken und an ihrem weißen Hinterteil.

Wenn die Mittagssonne in die Lichtung scheint, kommen auch die Zauneidechsen aus ihrem Versteck. Mit etwas Glück siehst du sie dann ruhig auf einem alten Baumstumpf sitzen und Wärme tanken. Du musst dich ganz langsam bewegen, denn sonst sind sie blitzschnell wieder verschwunden. Obwohl Eidechsen so flink sind, werden sie doch manchmal vom

Das Waldbrettspiel begegnet dir oft auf sonnigen Lichtungen. Die Männchen dieses Schmetterlings besetzen ihre Reviere und verteidigen sie gegen andere.

Eidechsen und Blindschleichen tanken Sonnenwärme immer nur in der Nähe eines sicheren Schlupfwinkels.

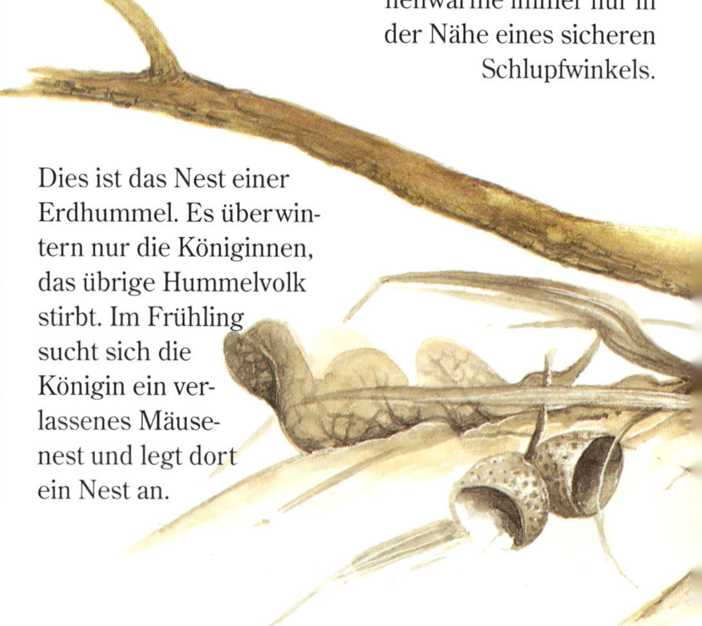

Dies ist das Nest einer Erdhummel. Es überwintern nur die Königinnen, das übrige Hummelvolk stirbt. Im Frühling sucht sich die Königin ein verlassenes Mäusenest und legt dort ein Nest an.

Bussard gerade noch am Schwanz erwischt. Aber dann haben sie einen raffinierten Trick, sie opfern dem Angreifer einen Teil ihres Schwanzes und verschwinden so schnell wie möglich. Eidechsen können bei Gefahr ihre Schwanzspitze abwerfen. Weil diese abgeworfene Schwanzspitze auch noch eine Zeit lang nachzappelt, ist der Verfolger abgelenkt und hat das Nachsehen.

Der Kaisermantel, ein Schmetterling, ist auf Waldlichtungen zu Hause.

Kennst du die Tiere im Wald?

Die Tiere des Waldes sind sehr scheu. Der Illustrator hat sie für uns auf dieser Seite versammelt. Viele davon hast du in diesem Buch kennengelernt. Kennst du ihre Namen?

Die Auflösung steht auf der nächsten Seite

Auflösung von Seite 58/59

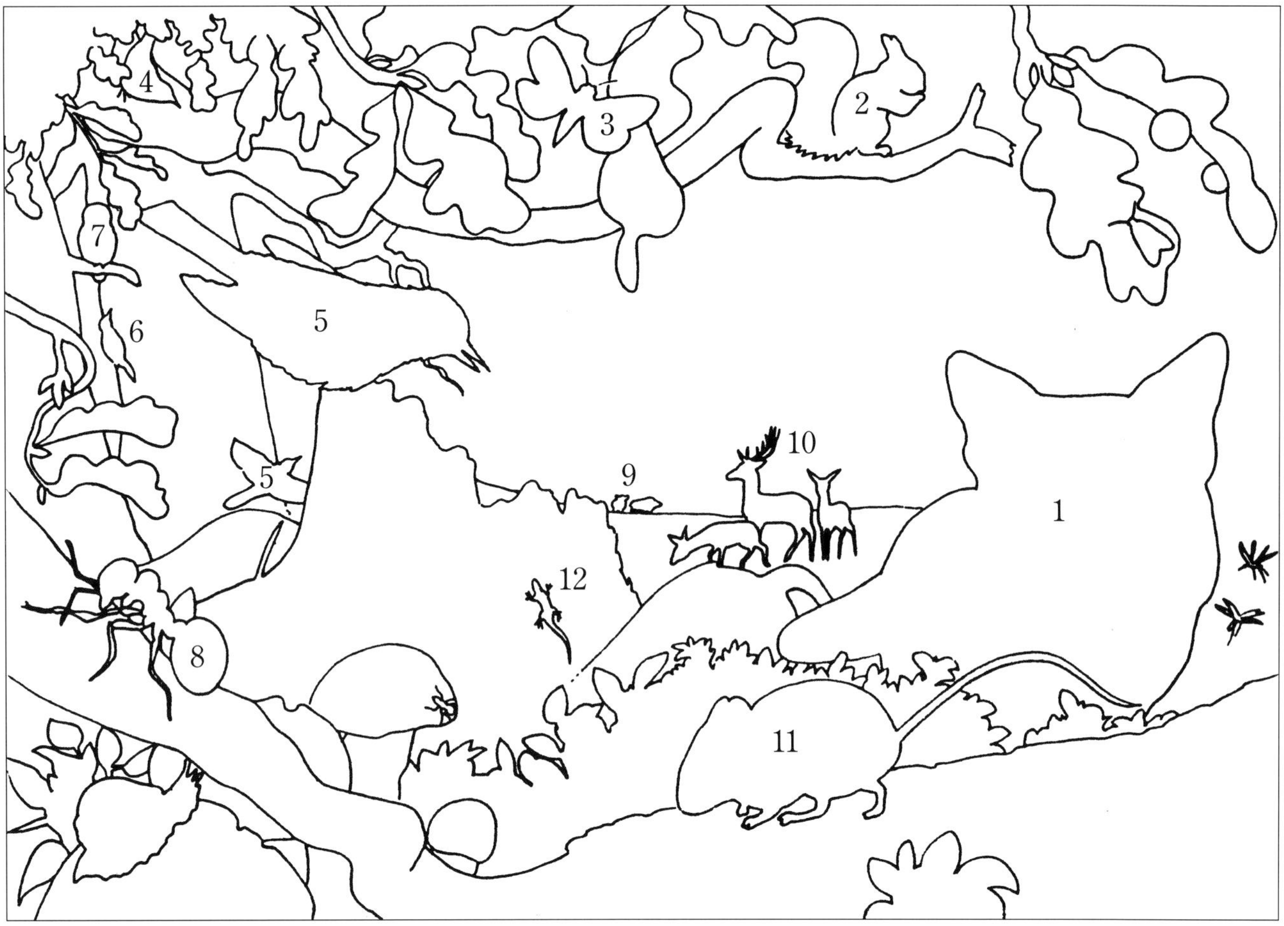

1 Fuchs
2 Eichhörnchen
3 Nonne
4 Kleiber
5 Eichelhäher
6 Buntspecht
7 Waldkauz
8 Rote Waldameise
9 Wildschweine
10 Rothirsch
11 Waldmaus
12 Eidechse

Kleines Lexikon

Dieses kleine Lexikon findest du in jedem Kinder-Kosmos. Wenn du nun jedes Lexikon abschreibst und alles neu alphabetisch ordnest, kannst du dir selbst ein großes Kinder-Kosmos-Lexikon zusammenstellen.

Aas Tote Tiere, die in Verwesung übergehen, nennt man Aas.

Ameisenstaat Ameisen gehören wie Bienen und Wespen zu den staatenbildenden Insekten. Es gibt riesige Ameisenstaaten mit fast einer Million Tieren, aber auch sehr kleine mit nur etwa 30 Tieren. Die einzelnen Mitglieder eines Staates erkennen sich am Geruch. In jedem Ameisenstaat herrscht Arbeitsteilung: Arbeiterinnen, Drohnen und Königinnen haben genau festgelegte Aufgaben.

Bast Die eigentliche Lebensschicht eines Baumes liegt direkt unter der Borke. Pflanzenforscher haben herausgefunden, dass diese Schicht aus drei Teilen besteht. Außen, unter der Borke, liegt die Bastschicht. In ihr fließt der süße Zuckersaft von den Blättern zu den Wurzeln, wo er für Notzeiten gespeichert wird. In der Mitte liegt die Wachstumsschicht. Sie macht den Stamm dicker. Darunter liegt das Holz. In ihm wird Wasser von den Wurzeln zu den Blättern geleitet.

Bestäubung Von Bestäubung spricht man, wenn Blütenstaub einer Pflanze auf die Narbe einer anderen Blüte übertragen wird. Das kann durch den Wind geschehen oder durch Tiere, zum Beispiel durch Insekten.

Beute Wenn ein Tier ein anderes erlegt und frisst, ist das seine Beute.

Borke Die äußerste Schutzschicht eines Baumes nennt man Borke.

Gewölle Eulen und Greifvögel würgen unverdauliche Bestandteile ihrer Nahrung, wie Knochen, Federn oder Haare, als kleine verfilzte Ballen durch den Schnabel wieder aus. Diese ausgewürgten Ballen nennt man Gewölle.

Kobel ist das Zuhause eines Eichhörnchens. In einem Kobel zieht das Eichhörnchen seine Kinder groß, hier schläft es und hier verbringt es auch den Winter.

Larven schlüpfen aus den Eiern vieler Tiere. Sie haben ganz unterschiedliche Namen: Beim Frosch heißen sie Kaulquappen, bei den Bienen Maden und bei den Schmetterlingen Raupen. Larven sehen meist anders aus als die erwachsenen Tiere und leben auch anders.

Mikroskop Besonders kleine Tiere können wir mit unserem Auge nicht sehen. Mit dem Mikroskop werden sie vergrößert und für uns sichtbar gemacht.

Nektar Das sind zuckerhaltige, flüssige Ausscheidungen von Pflanzen. Nektar ist eine wichtige Nahrungsquelle für Insekten.

Pollen auch Blütenstaub genannt. Das sind die männlichen Geschlechtszellen einer Blüte.

Puppe Manche Insekten legen während ihrer Entwicklung eine Ruhezeit in einem Köcher ein. Diesen Köcher nennt man Puppe. Während der Puppenruhe findet die entscheidende Umwandlung zum fertigen Insekt statt. Käfer bekommen in dieser Zeit zum Beispiel ihre Flügel.

Räuber Ein Tier, das ein anderes erlegt und frisst, nennt man Räuber. Das erlegte Tier ist die Beute.

Revier Das ist ein Gebiet, in dem ein Tier lebt, jagt und Weibchen anlockt. Es wird fast immer gegen Tiere der gleichen Art verteidigt.

Rotte Viele Tiere leben in einer Gruppe. Sie gehen zusammen auf Nahrungssuche und versorgen gemeinsam ihre Kinder. Meist herrscht in einer solchen Tiergruppe eine bestimmte Rangordnung. Schwächere Tiere müssen sich stärkeren unterordnen. Bei Wildschweinen nennt man eine solche Gruppe Rotte.

Tollwut Eine Krankheit, die von vielen fleischfressenden Wildtieren auf Haustiere übertragen werden kann. Tollwutkranke Tiere verlieren ihre natürliche Furcht vor den Menschen. Deshalb solltest du auffällig zutrauliche Wildtiere niemals streicheln. Auch einen toten Fuchs, den du im Wald findest, darfst du nicht anfassen.

Winterschlaf Manche Tiere, wie zum Beispiel der Igel, verkriechen sich zu Beginn des Winters an frostgeschützten Stellen und verschlafen die kalte Jahreszeit. Sie halten Winterschlaf. In dieser Zeit laufen ihre Körperfunktionen auf Sparflamme: Die Körpertemperatur sinkt auf etwa vier bis sechs Grad, ihr Herz schlägt nur noch ein paarmal in der Minute und sie atmen sehr langsam. Während des Winterschlafes zehren sie von der Fettschicht, die sie sich im Herbst angefressen haben.
Das Eichhörnchen hält Winterruhe. Eichhörnchen dösen im Winter in ihren Kobeln, gehen aber ab und zu nach draußen und suchen Nahrung. Tiere, die Winterruhe halten, verändern ihre Körpertemperatur nicht.

Register

Hier findest du eine alphabetische Liste von wichtigen Namen und Begriffen, die in diesem Buch vorkommen. Die danebenstehenden Zahlen zeigen dir, auf welcher Seite im Buch du mehr darüber erfahren kannst.

Diese Seite heißt in der Fachsprache der Verlage »Impressum«. Oft steht sie auch am Anfang eines Buches und immer erfährt man daraus, wer dieses Buch gemacht hat: Der Autor oder die Autorin, Illustratoren und Fotografen – Männer und Frauen –, die Mitarbeiter und Mitarbeiterinnen in den Verlagen und in den technischen Betrieben wie Setzerei, Reproanstalt, Druckerei und Binderei.

Die Konzeption und Texte dieses Buches sind von Dr. Eva-Maria Dreyer, die Illustrationen von Heinz-Helge Schulze.

Umschlaggestaltung: Frido Steinen-Broo, eStudio Calamar, unter Verwendung einer Illustration von Heinz-Helge-Schulze.

Die Autorin, **Dr. Eva-Maria Dreyer,** ist Biologin und lebt mit ihrer Familie in einem naturnahen Gebiet bei Kiel. Durch ihre beiden naturinteressierten Töchter ist sie mit der altersgerechten Vermittlung von Sachthemen vertraut. Als Autorin und Übersetzerin hat Dr. Eva-Maria Dreyer auch an Fernsehfilmen und Büchern mitgearbeitet. In der Reihe »Der Neue Kinder Kosmos« erschienen bisher von ihr die Bände »Tiere an Strand und Küste«, »Tiere am Teich« und »Tiere in Feld und Wiese«.

Der Illustrator **Heinz-Helge Schulze** ist Maler, Grafiker und ein hervorragender Naturkenner. Er lebt mit seiner Familie im kleinen Ort Holzdorf bei Berlin. Hier, auf dem Lande, findet er die Motive seiner Illustrationen, die schon in vielen Kinderbüchern, so auch in »Tiere im Garten« veröffentlicht wurden.

Mit 66 Farbfotos von:
Tierbildarchiv Angermayer, Holzkirchen (S. 10 Mitte); H. D. Dossenbach, CH-Schlatt (S. 32 oben Mitte); E.-M. Dreyer, Probsteierhagen (S. 32 unten Mitte und rechts, 33); E. Elfner/Tierbildarchiv Angermayer, Holzkirchen (S. 13, 18 rechts, 45 rechts); H. Fürst, Abtsgmünd (S. 15 unten rechts); E. Himmelsbach/Juniors Bildarchiv, Senden (S. 35); R. König, Kiel (S. 20 links, 21, 22 links, 32 Mitte und linke Spalte, 37, 40, 41, 49, 50); H. Kuczka/Juniors Bildarchiv, Senden (S. 31 oben); P. Legler/Juniors Bildarchiv, Senden (S. 15 oben); A. Limbrunner, Dachau (S. 12 links, 27 rechts, 29 oben links und rechts, 31 Mitte und unten, 34, 36, 46 unten links, 47 unten rechts); E. Mönch/Tierbildarchiv Angermayer, Holzkirchen (S. 51 oben); H. Pfletschinger/Tierbildarchiv Angermayer, Holzkirchen (S. 15 unten links, 39); H. Reinhard/Tierbildarchiv Angermayer, Holzkirchen (S. 5, 9 links, 10 unten, 24, 52, 53); Reinhard-Tierfoto, Heiligkreuzsteinach (S. 7 rechts, 9 rechts, 17, 18 links, 20 rechts, 22 rechts, 27 links, 45 links, 46 rechts, 47 oben und links, 51 unten, 56); G. Schütt/Juniors Bildarchiv, Senden (S. 7 unten links); G. Synatschke, Rotenburg/Wümme (S. 29 unten, 55); G. Wendl/Tierbildarchiv Angermayer, Holzkirchen (S. 7 oben); G. Zeininger, Unterschleißheim (S. 8, 12 rechts, 48).

Die Deutsche Bibliothek – CIP-Einheitsaufnahme
Ein Titelsatz für diese Publikation ist bei der Deutschen Bibliothek erhältlich.

Unveränderte Neuauflage, 2002

ISBN 3-440-09209-7
Lektorat: Almuth Sieben, Claudia Schuller
Layout: Atelier Reichert, Stuttgart
Herstellung: Die Herstellung, Stuttgart
Satz: Georg Dettmar, Stuttgart
Reproduktion: Master Image, Singapur
Druck und Bindung: Těšinská Tiskárna
Printed in Czech Republic / Imprimé en République tchèque